아무도 모른다

아무도 모른다

小珍 박기옥

해조음

향기 묻어나는 수필

小珍의 글은 재미가 있습니다.

여러 색깔의 글감이 낯설면서도 서로 잘 어울리기 때문입니다. 읽을수록 밭에서 갓 따온 상추처럼 싱싱하고 구수합니다.

글이 편안하면서도 감칠맛이 있습니다.

小珍의 글은 다양합니다.

글에 담긴 주제들은 모두가 귀하고 값진 것들입니다.

사는 동안 마음속에 투영되었던 온갖 풍경들을 걸러내고 절제하고 다듬어서 반조(返照)했기 때문입니다.

인생, 자연, 생명, 사회, 진실, 사랑, 문화 등 끊임없이 세상과의 소통을 꿈꾸며 메시지를 던지고 여운을 남깁니다.

小珍의 글은 아름답습니다.

문장을 꾸미고 짜맞추고 분칠을 해서가 아니라 자르고 깎고 쪼고 갈아서 혼을 담아 빚어내기 때문입니다.

나쁜 것, 추한 것, 하찮은 것도 마침내 승화되어 수필의 꽃으로 피어납니다.

小珍은 예지와 통찰력과 상상력이 풍부한 듯 합니다.

가까이에서 보면 눈에는 총기가 있고, 얼굴에는 화기가 돌며, 몸에는 생기가 넘쳐납니다.

글에는 격조와 기품이 스며 있습니다.

이제 小珍은 예인의 길, 문인의 길, 명인의 길에 나섰습니다. 기대가 자뭇 큽니다. 옛 사람들은 화향천리(花香千里) 문향만리(文香萬里)라 했습니다. 小珍의 수필에서 묻어나는 향기가 만리까지 번져나기를 기원합니다.

2011년 봄

김규련

차례

봄

여름

가을

겨울

봄

봄

Spring

청암사의 봄

우수 경칩이 지나니 새벽 공기가 사뭇 다르다. 바람은 아직 차지만 이미 독을 잃었다. 안개 사이로 비밀스럽게 향긋한 것이 밀려온다. 발밑으로 흙이 살짝 풀어져 있음이 느껴진다. 땅 속에서 무슨 일인가가 일어나고 있음이 틀림없다. 겨우내 굳게 얼었던 흙 속의 물이 녹으면서 그 틈으로 햇살이 들어간 모양이다. 잠들었던 개구리를 깨웠는지도 모를 일이다. 뱀이 눈 뜨고, 싹들도 기지개를 켜기 시작했다.

봄기운이 사찰을 찾게 하는가. 차를 몰아 증산재를 넘어 청암사로 향한다. 불영산 기슭에 도선국사가 창건한 신라 고찰이다. 울창한 숲을 끼고 계곡을 따르다가 불영동천(佛靈洞天)의 맑은 물소리에 차를 세운다. 천년의 비바람 속에서 세속의 풍진을 씻어버린 고찰이 이제는 동천의 바위와 더불어 자연의 모습으로 남아 있다. 독경소리마저 물소리 새소리 바람소리와 다를 바 없다.

절 입구에서 우비천(牛鼻泉) 샘물을 한 모금 마셔본다. 소가 누운 형상에서 코를 통해 나오는 물이다. 이 물을 마시면 부자가 된다는 전설이 있다. 옛 선비들은 이 샘을 지날 때 부채로 눈을 가렸다고 한다. 물질적 유혹을 피하기 위함이리라.

선비도 아니고 눈 가릴 부채도 없는 나는 물 한 조롱박만 마시기로 한다. 살면서 딱 지금 만큼만, 꾸러가지 않을 정도만 주십사 기원한다. 샘가의 산수유 나무가 나의 마음을 엿보고 미소 짓는다.

작은 다리를 가로질러 다시 촘촘한 돌계단을 밟는다. 청암사의 본채가 한 눈에 들어온다. 잔설이 남아있는 경내는 산 새 몇 마리가 먹이를 쪼고 있을 뿐 고요하다. 봄볕이 곰실거리며 뜰을 간질이는데, 바람이 불어와 나뭇가지들을 집적이고 간다. 처마 끝의 풍경이 몸을 흔든다.

팔각지붕을 갖춘 대웅전에 오르니 뒤뜰 옆에서 작은 손짓이 느껴진다. 매화나무다. 이제 마악 봄을 향해 꽃망울을 터뜨리기 시작했다. 매화는 매서운 한 겨울의 추위를 뚫고 고고하게 꽃망울을 터뜨려서 사랑을 받는다고 하지 않던가. 개나리 진달래와 동격일 수 없는 까닭이다.

암자 쪽에서 어린 비구니스님이 종종 걸음으로 오는 것이 보인다. 급한 일이라도 있는 것일까. 스님의 상기된 표정에서 순백의 매화가 피어난다.

숨을 깊이 들이쉬며 사찰 특유의 정취를 맡아본다. 무색무취의 싸아한 공기가 머릿속을 맑게 한다. 내 속의 탁기가 청정한 기운으로 순화되는 느낌이다. 법당 안에서는 '석가모니불'을 염불하는 소리가 허공을 울린다. 불자도 아닌 나는 방해가 될까봐 조용히 발길을 돌린다.

보광전 앞의 단풍나무에 눈이 머문다. 지난 가을 미처 떨어지지 못한 잎이 도르르 말린 채 나무 끝에 매달려 있다. 겨우내 거센 바람, 눈과 비를 견뎌온 나무이다. 수령 또한 백 년은 족히 넘었으리라. 나무의 몸통이 뒤틀리고 층지고, 상처투성이다. 상처가 만드는 아름다움에는 서늘한 위엄이 느껴진다.

손을 들어 가만히 나무를 쓸어본다. '아파요 …' 여린 울림이 몸속으로 전해온다. 아픈 것이 너 하나 뿐이겠느냐. 싹을 틔우기 위해 산고의 진통을 앓는 저 나무들과 풀꽃 또한 아프다. 뿌리에서부터 물이 올라와 가지 끝까지 전해지려면 수 억 톤의 에너지가 필요하다고 한다. 그 엄청난 힘으로 세상에서 가장 여리고 작은 싹을 틔우는구나.

환영일까. 착각일까. 해묵은 단풍나무에서 연두색 당의를 차려 입은 여인이 보인다. 인현왕후이다. 숙종 15년 장희빈의 모략으로 폐위 당해 이곳 보광전에서 3년간 눈물의 세월을 보냈다. 마침내 복위되어 환궁 차비를 하는 중이다. 왕후에게도 봄이 찾아온 것이다.

"아니 되옵니다, 폐하. 신첩의 말씀 좀 들어주시옵소서."

깜짝 놀라 돌아보니 장희빈이 땅에 엎드려 있다. 소복 차림에 긴 머리는 풀어 헤쳤다. 사약을 마신 후라 입가에는 피가 흐르고 있다. 세자가 울며불며 어미를 살려 달라고 임금에게 애원한다. 세자는 필사적이고, 임금은 냉정하다. 장희빈의 독기가 아들에게서 '남성'을 빼앗았다는 순간이다. 인간의 증오는 어디까지 가는 것일까.

인간이건 사물이건 그 생성 안에 이미 소멸을 품고 있는 지도 모른다. 피는 꽃과 지는 꽃이 따로 있는 것이 아니라 핀 꽃이 언젠가는 지는 것이다, 영광과 몰락에 앞, 뒤가 있지 않을 터이니 사랑과 증오 또한 그러하리라.

두 여인에게 소박한 삶이 주어졌다면 어땠을까.

어쩌면 평탄한 삶을 살았을 지도 모를 일이다. 그러나, 어쩌랴. 사는 동안 정작 인간이 선택할 수 있는 일은 몇 안 되는 것을. 평탄해 보이는 삶 또한 그 속에 무수한 굴곡과 명암이 있지 않던가. 삶이 곧 고해(苦海)라고 하지 않던가.

절에서 나와 차에 오르니 불영산에 노을이 물들고 있다. 알아주는 이 없이 저 스스로 저리 곱게 물듦이 새삼 경이롭다. 저 노을이 있기까지 얼마나 많은 번뇌의 시간이 흘렀을 것인가. 돌아서는 등 뒤로 대웅전에서 올리는 저녁 예불소리가 편안하다.

- 수필세계 2009 -

매화는 어디에

올해는 유난히 봄이 늑장을 부린다. 겨울이 버티고 서서 물러갈 생각을 않는 것이다. 사흘이 멀다 하고 비 뿌리고 바람 불며 심술을 떨더니 그저께는 눈까지 내려 봄이 오는 길을 막았다.

4월이 되어서야 겨울이 슬그머니 꽁무니를 빼는 눈치다. 자연의 순리가 그렇게 되어있는 것이다. 봄을 두고 겨울이 우길 일이던가. 매스컴부터 연일 꽃 소식을 전해온다.

꽃의 사회성에 대해 생각해 본 일이 있다.

봄꽃은 대체로 무리지어 핀다. 개나리가 그러하고 진달래, 벚꽃, 복사꽃이 그러하다. 무리란 얼마나 아름다운가. 그것들은 어쩐지 이탈하면 쓸쓸해 보인다. 서로 기대어가며 무리를 지어야 믿음직하고 편안하다.

예외도 있다. 매화이다. 매화는 벚꽃처럼 무리진 것보다 양가 집 큰 애기의 뒤뜰이나 선비의 정자 한 쪽에 호젓이 피어있는 것이 보기에 좋다. 향기는 어떠한가. 매화 향기는 유난히 멀리까지 간다. 옛 선비들은 깊은 밤 동구 밖 흰 눈 속에서도 매화향이 느껴진다고 노래했다. 매화의 개별성이다.

어린 날 외가 뒤뜰에는 오래된 매화나무 한 그루가 있었다. 신혼 첫날 밤부터 소박데기가 된 외숙모는 매화나무 옆을 서성이며 눈물을 훔치곤 했다. 조신하고 고운 여인이었다. 나는 외숙모를 좋아했다. 흰 얼굴과 한창 나이의 체취가 매화향과 어우러져 묘한 환상에 젖어들게 했다.

"잠드셨나 보고 오너라."

외숙모가 말했다. 나는 바람둥이 외삼촌 방으로 들어가 술에 취해 잠든 모습을 확인했다. 아무렇게나 쓰러져 곯아떨어진 외삼촌의 모습도 어쩐지 좀 슬퍼 보였다.

나의 말을 듣고도 외숙모는 한참을 매화 옆을 떠나지 않았다. 생각에 잠긴 옆모습은 우수를 품고 있었다. 두 손으로 얼굴을 감싸고 있는 외숙모의 머리 위로 매화 몇 잎이 떨어졌다. 외숙모의 어깨가 들썩이고 있었다.

나는 외숙모가 울음을 억지로 삼키고 있음을 알았다. 바람이 불어 외숙모의 어깨 위로 매화 꽃잎이 흩날렸다. 외숙모에게 뒤뜰의 매화 한 그루는 바로 자신의 모습이었으리라.

시류에 따라 꽃의 사회성도 획일화되었다. 지자체 시행 이후일 것이다. 관광 수입을 위해 모든 꽃이 상품화되면서부터 꽃들이 평준화되어 버렸다. 이제 더 이상 매화도 개별적일 수 없게 되었다.

사람들은 잘 가꾸어 놓은 매화농원으로 달려가서 관광버스와 홍보물을 동원한 매화 상품에 혼을 빼앗긴다. 가이드는 장소를 옮길 때마다 정해진 코스대로 움직여주기를 희망한다. 꽃도 꽃이지만 무엇보다 손님들이 상품을 많이 구입하도록 효율적으로 유도해야하기 때문이다.

안내서는 친절하게도 매화가 지조와 절개의 꽃이라고 소개하고 있다. 송나라의 임포(林浦)는 매화를 처(妻)로 삼고 학을 자식(子)으로 여기며 청아한 생활을 즐겼고, 조선 중기의 신흠(申欽)은 "오동나무는 천년을 늙어도 항상 가락을 지니고, 매화는 일생 동안 춥고 가난해도 향기를 팔지 않는다"고 노래했다고 적혀 있다.

가이드가 읽어주는 안내서에 사람들은 감동한다. 지조와 절개를 사랑한 선비에 감동하는 것이 아니라 선비에게 선택된 명품 매화에 감동한다. 사람들은 망설이지 않고 잘 포장된 매실액과 매실장아찌를 위해 지갑을 연다. 선비들이 매화의 자태와 향과 소통했다면 현대인은 상품을 통해 매화를 이해하는 것이다.

매화 꽃 그늘에 앉아 남한강을 내려다본다. 오대산에서 발원하여 충북을 거쳐 경기도로 흘러가 북한강과 합류하는 강이다.

부러진 매화가지 하나가 강물에 떠 있다. 아직 꽃 질 철이 아닌데 …. 가지는 꽃잎을 달고 유유히 흘러간다. 관기였던 두향(杜香)을 생각하게 한다. 퇴계 이황을 연모했던 두향은 퇴계가 죽자 남한강에 몸을 던져 생을 마감했다. 강물에 실려 떠내려가는 저 매화가지처럼.

18세의 어린 두향과 48세의 이황이 석별의 정을 나눌 때 이황의 짐 속에는 두향이 준 수석 2개와 매화 화분 한 개가 들어 있었다. 이황이 낙향하여 매화를 보며 두향을 그리워하는 시가 일품이다.

누렇게 바랜 책속에서 옛 성현을 대하며
비어있는 방안에 초연히 앉았노라
매화 핀 창가에서 봄소식을 다시 보니
거문고 마주 앉아 줄 끊겼다 한탄 말라

이황이 69세 나이에 세상을 하직할 때 마지막 숨을 거두기 전 한 말은 "매화에 물을 주어라"였다. 매화는 정한(情恨)의 꽃이던가.

날이 저물고 나는 강을 등진다. 돌아갈 시간이 된 것이다. 타고 온 관광버스는 귀가하는 사람들로 시끌벅적하다. 남자들은 매실주로 얼굴이 불그레하고 여자들은 손에 손에 매실 상품이 들려있다.

매화는 어디에?

두리번거려도 매화다운 매화는 눈에 띄지 않는다. 두향을 찾아가 물어볼까나.

– 산문과 시학 2010 –

낮잠 든 사이

2월이 유난히 짧게 느껴지는 것은 나만의 일은 아닐 터이다. 우리네 인생이 얼마나 복잡다단한 지는 달력을 보면 알 수 있다. 나는 유명인사도 아니고 연예인도 아니며, 일 만들기 좋아하는 사람은 더욱 아니건만 달력 메모 칸이 빌 때가 좀체 없다.

94세의 시어머니는 입원해 계시는데 84세의 친정아버지는 생신을 맞으신다. 조카는 혼인 날짜를 잡았고, 질녀의 아가는 첫돌을 맞는다고 한다. 10년 만에 소식을 전한 친구가 암 투병 중이라 하여 병원으로 달려갔는데 느닷없이 친정 동생이 교통사고를 당하여 같은 장소에서 맞이하기도 했다.

어느 날은 오전에 초상집에 갔다가 오후에는 부랴부랴 옷을 갈아입고 결혼식에 참석한 날도 있었다. 슬퍼할 일과 축하할 일이 씨줄날줄로 얽히는 데다 그저께는 친정조카의 군 입대를 명분삼아 가족 여행으로 남해까지 다녀왔다. 바다도 좋고 전복죽도 맛있었지만 겹친 일정으로 피곤했던지 돌아와서는 소파에서 스르르 잠이 들고 말았다. 낮잠이 든 것이다.

얼마나 잤을까. 햇볕이 눈부셔서 잠에서 깨어났다. 시계를 보니 오후 4시. 밖은 바람이 부는지 행인들이 걸음을 재촉하는데 정남향의 거실에는 햇볕이 따스하다. 잠은 깼으되, 기지개만 켠 채로 소파에 한참 누워있었다. 햇볕을, 나른함을 놓치고 싶지 않았던 것이다.

재미삼아 나의 행복을 챙겨볼 때가 있다. 보기에 따라서는 하찮은 것일 수도 있겠지만 24시간 뜨겁게 샤워할 수 있는 집에 사는 것, 내가 사랑하고 나를 사랑하는 가족이 있는 것, 언제라도 술 같이 마실 친구들이 있는 것 등인데, 햇볕 또한 그 속에 포함시켜야 하지 않을까.

문득 어떤 움직임이 느껴져 베란다로 눈을 돌렸다. 군자란이 한 송이 피어 올라오고 있다. 어제까지만 해도 입 다문 봉오리였다. 바로 오늘, 그러니까 내가 소파에서 낮잠 든 사이 날개 짓을 시작한 것이었다.

나는 후딱 자리에서 일어났다. 커피를 내려 컵을 든 채로 베란다로 가서 화초들을 체크하기 시작했다. 화초라야 잡풀에 가까운 하찮은 것들이지만, 하루하루의 달라지는 모습을 나는 죄다 꿰고 있다.

아파트의 화초에게는 시간이 입력되어 있지 않은 것일까. 밤에만 꽃이 피는 야래향은 겨울을 알고 나뭇잎을 떨구기 시작했는데, 아이비나 스킨다부스는 기름이 돌면서 새 잎이 돋는다. 앙증맞은 강아지똥은 흙 쪽으로 몸을 바짝 기댄 채 줄기부터 말라들어가고 있는데, 철없는 영산홍은 의기양양하게 꽃망울을 터뜨리고 있다. 나는 잠깐 이 모든 생성과 소멸에 슬픔을 느꼈다. 무겁지 않은, 가볍고 달콤한 슬픔이다.

나는 문득 내가 잠깐 소파에서 낮잠 든 사이 지구상에서 일어났을 여러 가지의 움직임을 생각해 보았다.

이대통령은 여전히 경제회생을 장담하고 있고, 사르코지는 아프리카를 휘젓고 다니고 있었다. 탁신은 나한테 물어보지도 않고 조국으로 돌아갔으며, 북한에서는 뉴욕필의 이벤트가 성사되었다.

시어머니는 나 없이도 점심을 달게 잡수셨고, 친정아버지는 제자를 만나 식사 대접을 받았다고 했다. 산부인과에서는 여전히 누군가가 태어났을 것이고, 영안실에서는 또 누군가의 장례가 치루어졌을 것이었다. 변함없이 세상은 잘 돌아가고 있었다.

지구상에서 나는 잊혀진 사람이었다.

라디오를 틀었다. 최유라와 조영남이 대담을 나누고 있었다. 아가씨가 살을 빼려고 의사를 찾아갔다. 야채와 과일을 많이 먹으라고 의사가 충고한다.

진료를 마쳤는 데도 쭈뼛쭈뼛 돌아가지 않던 아가씨가 묻는다.

"야채와 과일은 식전에 먹나요, 식후에 먹나요?"

아가씨도 아닌 나는 한바탕 웃고, 사과를 잘 씻어 껍질째 먹기 시작한다. 깨끗한 집에서 단단한 사과를 먹으니 이 또한 나쁘지 않다.

TV는 뭘 하나. YTN을 틀어 보았다. 뉴스가 나오고 있었다. 낯익은 얼굴이 팔을 들고 무언가를 열심히 외치고 있었다. 버락 오바마이다. 나는 사과를 베어 문 채 넋을 잃고 화면을 들여다보았다.

세상에나!

지구 한 쪽에서 용암이 치솟고 있었다. 미국 최초의 흑인 대통령이 탄생한 것이었다. 내가 잠 든 사이에.

- 청하문학 2009 -

낭만의 오해

지금도 문득 생각한다. 어떻게 그런 일이 일어났을까. 나의 머릿속은 아직도 안개 속의 미로를 헤매고 있다. 불과 일주일 전에 일어난 일이다.

대학원 세미나 시간에 토론 주제가 낭만주의였던 것은 정해진 교과과정이었다. 19세기 문예사조에 관심이 있던 나는 '낭만주의에 관한 오해' 라는 제목으로 발제자가 되어 토론을 이끌고 있었다. '오해' 라는 부분이 흥미를 끌었던지 참여도는 높았다.

먼저 서구에서 18~19세기에 꽃을 피운 낭만주의가 한국에서는 100년 후인 20세기에 이르러서야 상륙하게 된 배경과 한국에서의 낭만주의가 갖는 상징성이 간단히 설명되었다. 한(恨), 애수, 폐허, 절망, 그리움 등으로 요약되면서 파워포인트에 괴테의 「젊은 베르테르의 슬픔」이 뿌려졌다.

낭만주의의 대표작인 「젊은 베르테르의 슬픔」은 비극적인 사랑이야기로 21세기를 사는 우리에게도 감동을 준다. 그 자신 약혼자가 있는 여인을 사랑하여 지독한 절망에 빠져들었던 괴테는 주인공인 베르테르를 통해 절대적인 사랑이 인간의 마음 안에서 치명적인 독이 되어가는 과정을 보여 주며 끝내는 죽음을 선택하게 한다.

작품을 읽은 많은 젊은이들이 베르테르에 매료되어 옷차림에서부터 말투, 몸가짐, 사랑에 상처입고 스스로 죽음을 선택하는 것까지 흉내내는 현상이 일어나서 '베르테르 효과' 라는 말이 생겼다던가.

토론이 한창 익어 갈 무렵 노크도 없이 교실 문이 벌컥 열렸다. 행정실 직원이었다. 사색이 된 얼굴로 전하는 이야기, S의 자살 소식이었다. 30대 초반의, 방글방글 잘 웃던 단발머리 여학생이었다. 바로 어제 나하고 저녁을 같이 먹었었다.

"낭만에 대한 오해가 정말 오해일까요." 그녀가 말했다.

"원래는 꿈, 자연, 인간이 주제거든요. 20세기 한국으로 넘어오면서 허무, 절망, 애수로 변질되고 말았죠." 나의 대답.

"어느 것이 본질인 지는 알 수 없는 거잖아요."

나는 그때 마음속으로 내일 세미나 시간의 질의자로 그녀를 찍었었다.

그런데 자살이라니!

교실 한 쪽에서 우리를 지켜보던 지도교수가 울음을 터뜨린다. 집안 일로 주말에 친정에 가 있었는데 S가 전화를 했더라고 한다. 상담을 좀 하고 싶다기에 논문 관련 의논인가 싶어 세미나 끝난 후 시간을 내겠다고 무심히 대답했는데, 일이 이렇게 심각한 상황인 줄 몰랐다며 가슴을 친다.

그러니까 S는 지도교수, 선배, 친구들에게 끊임없이 상처를 보이고 비명을 질렀건만 아무도 눈치채지 못했던 셈이다. 죽은 후 검색 해 본 그녀의 컴퓨터에서는 스무 개 이상의 자살사이트가 접속되어 있었다고 한다.

모두 잠든 깊은 밤, 절망의 벼랑 끝에서 그녀가 선택한 삶의 포기는 무슨 의미였을까. 죽음의 미학이었을까. 극도의 염세였을까. 진실이 무엇이든 나의 입장에서는 마지막으로 나눈 그녀와의 대화를 떨칠 수가 없었다. 어느 것이 본질인 지는 알 수 없는 게 아니냐고, 그녀는 말했었다.

토요일 오후. 그녀가 없는 한적한 캠퍼스의 벤치에 앉아 상념에 잠긴다. 장례식 때의 정경이 스크린처럼 눈앞을 지나간다.

가족들은 죄인 아닌 죄인이 되어 얼굴을 들지 못했고, 학우들인 우리 또한 각자의 입장에서 무관심을 자책했다. 그 누구도 사인(死因)에 대한 언급은 하지 않았다. 죽음을 선택한 사람을 두고 무슨 말을 할 수 있을 것인가?

장례식 내내 머릿속을 어지럽힌 건 오히려 날씨였다. 한 생명이 사라지는 순간에도 변한 건 아무 것도 없어 보였다. 하늘은 맑고 비행기는 뜨며, 꽃들은 다투어 피어나고 있었다.

전 날 내린 소나기로 관이 나가는 시간에는 하늘 끝자락에 무지개가 뜬 것 같은 착각마저 일었다. 저승으로 건너가는 다리였을까. 구약성서에 의하면 신이 더 이상은 홍수로 생명체를 멸망시키지 않겠다고 노아에게 약속한 표식이 무지개라고 했던가. 무지개가 희망의 상징이 된 배경일 터이다.

이 순간 번개처럼 스치는 생각이 있다.

세상에서 가장 소중한 가치는 생명이 아닐까. 그 속에 생성과 소멸이 있어 이렇게 시끌벅적 살아가고 있는 것을. 낭만은 소멸의 부추김이 아니라 생성의 강화이다. 평범한 것에는 신비를 보여주고, 익숙한 것에는 미지의 꿈을 부여한다. 유한한 것에는 무한의 가상을 제시하고, 화석화된 생명에게는 부활을 촉구한다.

어쩌면 낭만이 생명을 수호하는 마지막 비결이 될는지도 모를 일이 아니던가!

– 수필세계 2009 –

껌과 초콜릿

여자에게 있어 자식은 거울이다. 거울을 통해 자신을 살펴보는 계기가 된다. 좋지 않은 습관이면 더욱 그러하다.

나는 대체로 번거로운 일은 손익에 관계없이 하지 않으려드는 편에 속한다. 그 중 하나가 음식을 입 안에 오래 두지 못하는 습성이다.

당연히 껌도 오래 씹어본 일이 없다. 군것질을 가까이하지 않는 편이라 평소 껌을 즐기지도 않지만 어쩌다 씹게 되면 단물이 제거되는 선에서 뱉게 된다. 한 걸음 더 나아가 옆 사람이 오래 씹고 있는 것도 불편할 때가 있다. 젊은 날 아직 뱉을 의사가 없는 남편에게 휴지를 내밀었다가 "민주국가에서 껌도 내 마음대로 못 씹느냐"는 항의를 받아 머쓱했던 적이 있다.

생활습관이 삶의 가치 또는 살아가는 방법과 밀접한 관계가 있음을 알게 된 것도 자식을 통해서이다. 내 아이들 역시 나를 닮아 씹기 보다는 마시거나 삼키는 것을 좋아하는 것이다. 껌 하나도 오래 씹는 법이 없다. 껌이 왜 껌이겠는가. 꼭, 꼭 씹으라고 껌이 아니겠는가.

게으른 딸은 양말 신기 귀찮아서 도넛 사러 가는 것을 포기하고, 산만한 아들은 시험 칠 때 뒷면에 있는 문제는 보지도 못한 채 반 토막 점수를 받아온다. 저학년 때는 '73-18' 이라는 산수 문제에서 생각하기 귀찮은 나머지 8에서 3을 빼고 70에서 10을 빼고 만 적도 있었다. 매사를 주스 마시듯이 아이스크림 핥듯이 처리하여 삶에서 필요한 갈등과 고민이 배어나오지 않는 것이었다.

내가 새삼 아이들에게 '껌의 철학' 이 필요함을 깨닫게 된 것도 이 무렵부터이다. 언젠가부터 할아버지 세대의 '질겅질겅 씹기' 를 주목하게 된 것이다. 그들은 껌이 생기면 그것을 씹고 또 씹고 하루 종일 씹고도 아쉬워서 상 밑에 붙여 두었다가 이튿날 다시 떼어서 씹었다. 그것이 저력이 되어 1.4후퇴 때는 홀홀 단신으로 국제시장 장사치가 되어 눈보라가 휘날리는 바람 찬 흥남부두로 동생을 찾아 나설 수 있었던 것이 아닐까.

서양으로 넘어가면 초콜릿이 등장한다. 초콜릿은 씹거나 입

안에서 부수어 먹는 것이 아니다. 혀 위에 올려놓고 달래듯이 녹여서 먹는 음식이다. 이 또한 끈기와 인내를 요하는 과정이다.

보기와 달리 서구인들이 한국인보다 인생을 '달래듯이' 사는 것이 아닐까 생각될 때가 있다. 한국인들이 분수에 넘치게 값 비싼 선물을 주고받는데 비해 그들은 대부분 꽃과 초콜릿을 정성껏 싸서 선물한다. 따라서 용도에 따라 온갖 종류의 초콜릿이 개발되어 있고, 꽃 또한 다르지 않다. 단순히 음식 이상의 낭만과 사랑의 이미지가 덧씌워져 있는 것이다.

모나코에서의 초콜릿 경험은 특이한 것이었다. 우리로 치면 예술학교 무용전공 학생들의 기말 고사쯤 되는 시험으로 외부인들에게 공개하는 것이 관례였다. 당연히 입장료는 없었다. 그러나 손님들은 성장을 하고 참석하는데, 손에는 장미와 초콜릿이 들려 있었다. 자기가 좋아하는 학생에게 선물로 주기 위함이었다.

학생들의 공연은 진지했고, 평가교수들 뒤에 앉은 손님들 또한 그에 못지않게 엄숙했다. 끝난 후의 포옹과 선물. 어떤 이는 장미꽃을, 또 어떤 이는 초콜릿을, 다른 이는 주말 식사에 초대하는 모습도 보였다.

나는 초콜릿을 준비했는데 내가 주목한 땀투성이의 어린 소녀는 지치고 피곤한 모습이었다. 건네주는 초콜릿을 너무나 고마워하며 포장을 뜯더니 그 중 한 개를 집어 들었다. 입 안에 넣어서 다 녹일 때까지 거의 5분이나 걸리지 않았을까. 세상에서 가장 소중한 보물을 다루듯이 초콜릿에 집중하는 모습이 그 또한 나에게는 혼을 투입한 짧은 공연처럼 느껴졌다.

소녀는 온 신경을 혀 위에 있는 초콜릿으로 모운 다음 시간을 잊고 천천히, 그 속으로 녹아드는 것처럼 보였다. 마치 해방 후 이모나 외삼촌들이 껌 하나를 손에 넣게 되면 하루 종일 축복처럼 입 안에 간직했던 것과 같았다. 나는 그 모습에서 예술을 향한 끝없는 여정과 기다림과 끈기를 보았다. 섣불리 삼키지 않고 부수지도 않으며, 충분히 녹을 때까지 적응하고 인내하는 모습이 인상적이었던 것이다.

오늘 아침 빨랫감을 챙기다가 아들의 주머니에서 휴지에 싼 껌을 발견했다. 스스로 버린 것인지 여자 친구의 종용에 의한 것인지 고개를 갸웃거리다 보니 미소가 지어졌다. "민주국가에서 껌도 마음대로 못 씹느냐"던 그의 아버지의 모습을 보는 듯했기 때문이다.

한편으로는 정성껏 초콜릿을 녹이던 모나코의 어린 소녀도 생각났다. 소녀는 곧 조금 전 어느 일간 신문에서 본 40대의 한

발레리나의 얼굴과 겹쳐졌다. 그녀는 인터뷰 도중 혹독한 연습으로 상처투성이가 된 자신의 물갈퀴 발을 공개하며 자랑스럽게 웃고 있지 않던가!

- 한국수필 2009 -

장미의 주술

아침 신문을 보니 한 농업인이 여러 가지 색으로 변하는 장미, 〈매직로즈〉를 개발하여 일본으로 수출하고 있다고 한다. 보라, 연두, 야광 장미 뿐 아니라 꽃잎마다 색이 다른 '레인보우 로즈' 까지 만든 모양이다.

일본에서는 이를 수입하여 게임으로 상품화했다. 입김으로 '후우' 불어 장미가 어떤 색으로 변하는지 알아맞히는 게임이다. 장미의 주술이다. 사랑의 속성에 민감한 젊은 연인들 사이에 특히 인기가 있다고 한다.

내 나이 스무 살 무렵. 내가 다니던 대학 캠퍼스에는 유난히 장미가 많았었다. 가톨릭의 교화(敎花)였던 탓이었던지 신부(神父)인 총장의 장미 사랑이 남달랐기 때문이다.

총장은 캠퍼스 곳곳에 수 십 가지의 장미를 심었다. 5월이면 4층 강의실까지 장미 향기가 그윽하게 올라와 반짝이는 나뭇잎과 함께 나의 마음을 어지럽혔다. 어쩌다 강당 쪽에서 음악대학생들의 오페라 아리아라도 섞이어 들려오면 마음은 창공을 날아 미지의 세계로 달음박질하는 것이었다.

어느 초여름 그와 함께 학교 강당에서 열리는 바이올린 독주회에 갔을 때, 연주자는 장밋빛깔의 빨간 드레스를 입고 있었다. 새하얀 어깨가 환히 드러나는 옷이었다. 연주회가 끝나 밖으로 나왔을 때 교정 가득 풍겨 나오던 장미 향기, 멘델스존 그리고 드레스 ….

그가 장미 한 다발을 안기고 청혼했을 때 나는 어찌할 바를 몰랐다. 좋은 사람이었고 사랑했지만 결혼은 두려웠던 것이다. 하고 싶은 일도 많은데 결혼이라니. 밥도 할 줄 모르고, 늦잠도 자야하는데.

나는 장미다발을 가만히 그와 나 사이에 놓았다. 그리고는 꽃에서 조금 떨어져 앉았다. 장미가 마치 우리를 갈라놓는 베를린 장벽이라도 되듯이. 그가 빙긋 웃으며 꽃을 다시 집었다. 나는 고개를 저으며 조금 더 떨어져 앉았다.

결국 내가 머뭇머뭇 장미를 다시 받아 들었을 때 나는 그것이 내가 선택한 내 생(生)의 '주술' 인 것을 몰랐다. 영원을 약속했던 그가 어느 날 홀연히 세상을 떠나버린 것이다. 청혼할 땐 그 어떤 언질도 없더니.

시간이 약이라던가. 내가 장미의 주술에서 벗어나고 있을 때쯤, TV에서는 프랑스의 바가텔(Bagatel)을 특집으로 보도했다. 바가텔은 불로뉴 숲에 있는 장미공원으로 지구상의 모든 종류의 장미가 한 자리에 모여 그 자태를 뽐내고 있다고 하는 곳이다.

5월에는 세계의 멋장이들이 바가텔을 찾는다. 만개한 장미를 배경으로 유명 디자이너들의 패션쇼가 열리기 때문이다. 또한 그 패션쇼는 전 세계에 중계되어 그 해의 패션 트렌드를 주도한다.

나는 꼭 한번 바가텔에 가 보고 싶었다. 패션쇼야 나 같은 서민에게 어울리지 않는다 치고 수백 종류의 장미가 전시되고 있다는 바가텔에는 어쩐지 한 번가 봐야할 것 같았던 것이다. 아직도 장미의 주술이 풀리지 않았느냐고?

신부(神父)의 장미, 연주자의 장미, 그의 장미까지 다 있다지 않은가.

불로뉴 숲 입구에서 장미공원을 찾았을 때 나는 또다시 내가 주술에 걸려들었음을 알았다. 프랑스인이라면 어린아이라도 알고 있을 줄 알았던 장미공원이 사실은 두 얼굴을 가지고 있었던

것이다.

동행한 딸아이가 갈색머리의, 미니스커트를 입은 여자에게 장미공원을 묻자 반응은 뜻밖이었다.

"장미공원요? 그게 뭐죠?"

그 여자는 장미에 관심이 없는가 싶었다. 딸아이가 다시 물었다.

"바가텔요? 오! 바가텔! 불로뉴 숲으로 들어가세요."

불로뉴 숲은 넓고도 또 넓었다. 845헥타르. 루이 16세의 수렵장으로 쓰였다는 환상적인 넓이가 우리를 질리게 할 뿐 가도 가도 장미는 한 송이도 보이지 않았다. 우리는 다시 분수 앞에 서 있는 뚱뚱한 남자에게 다가갔다.

"장미라뇨, 마드모아젤, 여기는 불로뉴랍니다."

딸아이가 다시 물었다.

"오! 바가텔! 바가텔 말이군요. 곧장 가시면 됩니다."

우리는 다시 걷기 시작했다. 무려 두 시간을.

불로뉴에는 오직 장미만이 목적인 듯이.

숲 속에 조그마한 건물이 하나 나타났다. 카페였다. 다리도 아플 뿐 아니라 드문드문 비취 파라솔도 보기 좋아서 우리는 잠시 쉬어 가기로 했다. 가까이 가 보니 정말 고풍스럽고 분위기

있는 건물이었다. 사람들이 봄을 즐기느라 바깥에 내어 놓은 의자에 앉아 차를 들면서 한가로이 담소를 즐기고 있었다.

우리는 아이스크림을 주문했다. 정장을 한 노부부가 은빛 나는 그릇에다 무지개빛 아이스크림을 받아먹는 모습이 그럴 듯해 보였던 것이다. 할아버지는 녹색 넥타이로 멋을 내고 할머니는 우아하게 진주 목걸이를 하고 있었다.

"잠깐만요. 장미공원이 여기서 먼가요?"

이번에는 내가 아이스크림을 가지고 온 청년에게 물었다.

"장미공원이라니요, 마담?"

"바가텔 말이에요. 장미로 유명한."

"바가텔! 오! 패션 쇼하는 곳이죠. 바로 저기 있습니다."

손이 가리키는 곳을 보니 꽃은 없고, 바로 눈앞에 'Bagatel'이라고 쓴 장미 모양의 터널로 된 커다란 아취가 보였다. 관광객들이 입장권을 사기 위해 줄을 길게 서고 있었다. 패션쇼가 열리고 있었던 것이다.

나는 그제야 바가텔에서의 장미를 이해하게 되었다. 장미는 바가텔의 주체가 아니었던 것이다. 여태껏 만난 그 누구도 장미를 모르지 않았던가. 그들은 오직 패션쇼와 파티가 열리는 바가텔만을 기억할 따름이었다. 장미는 패션쇼를 위한 '장치'에 불과했던 것이다. 우리 삶에 생일케익이나 샴페인이 삶 그 자체가 아니라 아름다운 '장치' 였듯이.

나는 순간 젊은 날 가슴 설레던 캠퍼스의 장미와, 바이올리니스트와, 내 인생의 주술사였던 나의 슬픈 장미를 떠올렸다. 오랜 시간 나를 지배해왔던 장미의 주술이 아이스크림처럼 녹아내리는 것이 보였다.

'매직로즈' 게임은 순식간에 젊은이들의 마음을 사로잡았다고 한다. 그 중에서도 꽃잎마다 다른 색으로 변하는 '레인보우로즈' 게임이 값도 비싸고 인기도 있다는 소문이다. 게임에서는 룰이 복잡할수록 흥미를 유발하기 때문이 아닐까.

기사를 읽는 순간 나는 오래 전 머뭇거리며 장미다발을 받아든 한 여자 아이를 떠올렸다. 그녀의 장미에도 레인보우 게임이 숨어 있었을까.

아버지의 풍경

봄이라고는 하지만 이른 아침이라 공원 날씨는 아직 쌀쌀하다. 일요일이라 아버지에게 공원 산책을 제안했던 것이 잘못이었다. 홀로 되신 아버지에게는 더욱 그러했다. 봄은 아직 산 너머 남쪽에서 기지개를 켜는 중이었다. 외롭게 지내시는 아버지는 마치 봄을 잊은 사람처럼 보였다. 천년 고찰 앞에서 있는 고목나무 같다고나 할까. 초겨울 가슴 시리게 떠 있는 낮달 같다고나 할까.

친정어머니가 돌아가신 것은 3년 전 9월 초입이었다. 연세도 연세지만 오랜 병고 끝이라 장례는 비교적 담담하게 치러졌다. 손님들이 의례적으로 조문을 하는 사이 간간히 웃음소리까지 들려왔고, 자식들은 별로 슬퍼하지 않았다. 아버지만이 비에 젖은 비둘기처럼 넋을 놓고 깊은 밤까지 영안실을 지켰다. 향년 81세였다.

유난히 금슬이 좋은 동갑내기 부부였다. 어느 한 쪽에서도 큰 소리 내는 일이 별로 없었다. 일요일 아침이면 손잡고 함께 성당에 나갔다. 간간히 다투는 경우는 있었다. 주로 어머니가 시작하는 것으로 주제는 거의 동일했다. 아버지의 '신부님에 대한 존경심 부족' 이었다.

미사가 끝나면 가까이 사는 우리 집에 와서 아침을 드시는데, 성당에서 신부가 한 강론 내용이 문제였다. 어머니는 신부에 대해 무조건적인 신뢰를 품고 있었으므로 부분적이나마 강론에 비판적인 아버지를 못마땅해 했다. 아이처럼 발끈하여 "그럴 거면 성당에는 뭐 하러 다니느냐"고 밥숟가락을 탁 놓으면, 아버지는 "당신 가방 들어주려고 다니고 있잖소"하며 숟가락을 도로 손에 쥐어 주었다.

돌아가실 무렵에는 화를 내는 경우가 좀 더 잦았다. 어머니의 병이 깊어 신경이 예민해졌기 때문이다. 아버지는 각별히 조심하는 성의를 보였다.

창문을 열 때도 어머니에게 물어보았다.

"여보, 창문 열까?"

옷을 입을 때도 물어보았다.

"여보, 나 이 옷 입을까?"

혼자 남겨진 아버지를 보다 못해 서예원 총무를 만나자고 한 것은 내 쪽이었다. 아버지는 서예원의 원장이었던 것이다. 회원이 거의 60명에 가까웠다. 나는 총무에게 아버지의 '말동무'를 찾아주기를 부탁했으나 뜻밖에도 '여자 친구'가 생기고 말았다. 신청이 들어 왔던 것이다. 67세의, 미망인이며, 원장님을 사모해왔다고 했다. 아버지의 거부는 설득력이 없었다. 너무 젊고, 덩치가 크며, 붓글씨가 신통찮다는 것이 무슨 결함이겠는가. 자식들로서는 대 환영이었다.

윤여사(여자 친구)는 아버지에게 헌신적이었다. 어머니 때와는 정반대의 현상이 우리들을 놀라게 했다.

일요미사를 마치고 우리 집에 아침을 드시러 오는 윤여사의 손에는 아버지의 가방이 들려 있었다. 엘리베이터 문이 열리면 아버지부터 먼저 타시게 하고 문이 닫히면 옷깃을 여며 주었다. 어쩌다 아버지가 신부(神父)의 강론이 못마땅하여 불평하면 전적으로 공감을 표시하며 밥숟가락 위에 생선을 올려놓았다. 창문을 열기 전에는 얇은 가디건을 걸쳐주었다. 외출 시에는 나이 차이가 너무 드러나지 않도록 옷차림을 배려했다.

어머니의 제사 또한 정성껏 모셨다. 일주일 전부터 아버지의 의사를 물어 메뉴를 짜고, 건어는 서문시장에서, 육류와 생선은

염매시장에서, 떡, 과자는 수성시장에서 제일 좋은 것으로 구입했다. 이 모두를 아버지와 함께 했다.

제사를 지낸 다음 날에는 온 식구가 어머니의 산소에 갔다. 절을 하는 동안에는 그림자처럼 자신을 감추었고, 산소 앞이라 아버지에 대한 지나친 배려는 자제하는 염치를 보였다. 술은 어머니가 좋아하시는 적포도주를 올렸다. 아버지에게서 들은 모양이었다.

윤여사가 말기 암인 것을 알게 되었을 때 우리는 모두 공황 상태에 빠졌다. 담석이 말썽을 부려 한 밤중에 응급실에 입원했는데, 검사 도중 놀랍게도 악성 종양이 발견된 것이었다. 이미 여러 부위로 전이된 상태였다.

윤여사는 끝까지 아버지의 곁을 고집했으나 전화 받고 황급히 서울에서 내려온 아들이 말을 듣지 않았다. 윤여사의 입지도 개운치 않았을 것이고 지방 도시의 의료진도 미덥지 못했을 것이다. 구급차에 실려 서울대병원으로 떠나는 날 그녀는 아이처럼 아버지의 목을 안고 펑펑 울었다. 함께 지낸 지 2년만이었다.

화학치료로 윤여사가 사경을 헤매는 과정이 두 사람을 더욱 결속시켰다. 아버지는 같이 사는 동안 충분히 잘 해 주지 못한 자신의 이기심을 자책하는 것 같았다. 며느리와의 관계가 편치 않았던 윤여사 역시 아버지에게 집착했다.

치료 중에는 아버지가 KTX로 올라가 병상을 지켰고, 진료 스케줄이 없는 날에는 데리고 내려오는 일이 반복되었다. 윤여사는 나만 보면 아버지의 곁이 가장 편안하다고 강조했다.

윤여사가 죽자 묘소 문제가 수면 위로 떠올랐다. 입원 초부터 윤여사의 아들이 시신을 서울로 모시겠다고 한 바 있었다. 우리는 당연히 그렇게 알고 있었는데, 아버지가 난데없이 어머니의 바로 옆 자리를 주장하는 것이었다. 윤여사의 마지막 소원이라는 이유였다. 우리 앞에 윤여사의 친필 유서가 공개되었다. 저 세상에서도 형님(나의 어머니)을 잘 모시겠다는 내용이었다.

우리는 아버지에게 강력하게 항의했다. 죽어서까지 어머니를 서운하게 할 거냐고 언성을 높여 대들었다. 졸지에 윤여사는 첩으로 강등되었고, 두 사람의 사랑은 통속적인 불륜이 되어 버렸다. 딸들은 상실감으로 울음을 터뜨렸다. 아들들은 울분을 못 참고 난동을 피웠다. 난리도 그런 난리가 없었다. 아버지는 순식간에 파렴치한 늙은이가 되어버렸다. 우리 역시 천하에 불효막심한 자식으로 전락하고 말았다.

아들이 성인이 되려면 아버지를 남자로 이해할 수 있어야 하고, 딸은 어머니를 여자로 인정할 수 있어야 한다더니 우리를 두고 하는 말인 것 같았다. 우리에게 있어 아버지는 언제나 절대적인 존재여서, 그 이상으로도, 이하로도 생각하기 어려운 일이었기 때문이다. 결국 자식은 부모에게 강자이고, 배신자이며, 이기주의자가 되는 게 아닐까.

문중 어른들까지 개입하여 논의한 결과 윤여사는 어머니 '가까이'에 눕게 되었다. 공동묘지인 데다 윤여사와의 사이에 여러 구의 낯선 무덤이 있어 외형상으로는 '남'으로 처리된 것이요, 내용상으로는 '한 식구'인 셈이었다.

소동 끝이라 삼우제에는 모든 사람이 말을 아꼈다. 윤여사만이 무언가 간절히 하고 싶은 말이 있는 모양이었다. 사진 속의 큰 눈이 쉼 없이 유서를 읽어주고 있었다. 간간히 비가 내렸고, 삼우제는 조촐하게 끝났다.

며칠 후 밤늦게까지 형제들이 모여 술잔을 기울이다가 누가 먼저랄 것도 없이 윤여사의 묘소로 향하게 되었다. 달이 휘영청 밝아 괴괴한 느낌을 주는 산 속에 젖무덤같이 여기저기 봉분이 솟아 있었다. 무덤 앞에 이르자 비로소 우리 중 아무도 꽃 준비를 못했다는 생각이 미쳤다. 밤인 데다, 조금씩 취하여 꽃 가게가 눈에 띄지 않았던 것이다.

그러나 묘소에는 이미 하얀 장미가 놓여 있었다. 제법 깨끗한 것이 누군가가 최근에 들른 모양이었다. 우리는 누구인지 금방

알아차렸다. 하지만 아무도 입 밖에 내지 않았다. 아버지의 초라한 어깨를 떠올리며 묵묵히 절을 올렸다.

산책 나온 공원은 어느새 사람들이 하나, 둘 빠져 나가고 있다. 아침 운동을 마친 시민들이 일터로 가야하기 때문이리라.

"아버지, 우리 해장국 먹으러 가요."

팔짱을 끼다가 문득 옆모습을 흘낏 보니 아버지의 얼굴이 텅 비어있다. 늦가을 빈 들처럼 바람만이 황량하다. 아내도, 자식도, 윤여사도 떠나간 지금, 그는 무슨 생각을 하고 있는 것일까.

- PEN 문학 2009 -

기적

인터넷 서핑을 즐기지는 않는 편이다. 친구들은 더러 컴퓨터를 통해서 주식도 하고 게임도 즐기는 모양이지만 나는 영 재주가 없는 편이다. 그저 몇 군데 메일이나 주고 받고, 민감한 이슈가 있을 때 다른 언론에서는 어떻게 다루었나 하여 UCC를 통해 검색해 보는 정도이다.

헌데, 어느 날 입이 딱 벌어지는 기사를 발견했다. 영국에서 일어난 사건이다.

영국의 '브리튼스 갓 탤런트(Britains Got Talent)'는 미국의 '아이돌(Idol)'과 같은 TV 스타 발굴 프로그램이다. 이 프로그램에 어느 날 '탤런트'라는 이미지와는 전혀 어울리지 않는 한 남자가 무대에 오른다.

펑퍼짐한 외모에, 배는 튀어나오고, 울퉁불퉁한 치아에 허름한 양복의 이 남자는 36세의 휴대폰 외판원이다. 까다롭기로 유명한 세 사람의 심사위원들 앞에서 잔뜩 주눅이 들어있는 이 남자에게 여성 심사위원이 묻는다.

"무슨 노래를 준비했나요?"

비뚤어진 입모양에 어눌한 그의 대답,

"오페라 아리아를 부르겠습니다."

노래가 시작되자 방청객과 심사위원들은 넋이 나갔다. 그가 부른 오페라 아리아는 푸치니의 「투란도트」에 나오는 '공주는 잠 못 이루고(Nessun Dorma)' 이다.

투란도트 공주를 둘러싼 아름다운 사랑의 오페라 아리아인 이 곡은 음역도 넓고 부르기 힘든 곡이라 '내노라' 하는 테너 가수들도 기피하는 곡으로 유명하다. 그런데 초라한 행색의 이 남자에게서 나오는 아리아는 기가 막히는 것이었다.

감성적이면서도 우렁찰 뿐 아니라 클라이맥스에서 보여준 안정적인 바이브레이션과 고음처리의 놀라운 가창력은 삽시간에 청중을 사로잡고 말았다. 사방은 물을 끼얹은 듯 조용했고, 청중들은 보이지 않는 정적에 묶여 숨소리조차 내지 못했다. 폴포츠(Paul Potts)라는 가수가 탄생되는 순간이었다.

곡이 끝나자 방청객은 모두가 일어나 휘파람을 날리며 뜨거운 박수를 보내기 시작했다. 감격한 나머지 눈물을 흘리는 사람도 있었다. 심사위원들 역시 믿을 수 없다는 듯 놀라운 표정을 서로 교환했다.

노래를 끝낸 폴포츠의 표정은 가관이었다. 그는 마치 큰 잘못이라도 저지른 사람처럼 엉거주춤 그 자리에 서 있었다. 너무도 창피하고 난감하여 몸 둘 바를 모르는 사람처럼 보였다. 울음이라도 터트릴 것 같은 표정이기도 했다.

그의 눈에 심사위원장이자 음반 제작자인 사이먼 코웰이 들어왔다. 독설과 혹평으로 참가자를 당혹스럽게 하기로 유명한 사람이다. 폴포츠가 오페라 아리아를 부르겠다고 했을 때만 해도 어처구니없다는 표정으로 볼펜을 입에 물던 사람이었다.

그러나 지금 그는 확연히 달라져 있었다. 폴포츠의 열창이 청각을 넘어 그의 심혼을 흔들어 놓았다고 할까. 폴포츠가 내뿜는 신선한 공기로 눈이 번쩍 뜨인 사람 같다고 할까. 그의 눈빛은 놀라움으로 빛나고 있었다. 볼펜을 물었던 입은 아직도 다물어지지 않고 있었다. 자리를 고쳐 앉은 그가 물었다.

"당신이 휴대폰 외판원이라구요?"

"네."

"방금 노래를 부른 사람도 당신이구요?"

"네."

사이먼의 얼굴이 번쩍 빛났다. 그리고 외치듯이 말했다.

"당신은 우리가 찾아낸 최고의 보석입니다.

당신은 오늘로 운명이 달라질 것입니다." 라고.

또 다른 심사위원은 '소름이 끼칠 정도였다' 고 놀라워하면서 말했다.

"우리는 방금 훌륭한 석탄 하나를 찾아냈습니다.

그 석탄은 곧 다이아몬드로 바뀔 것입니다."

석탄과 다이아몬드는 동일한 원소의 결정체라고 한다. 석탄의 에너지가 오랜 세월 동안 땅 속에 묻혀 엄청난 힘과 압력을 받았을 때 기적적으로 다이아몬드가 될 수 있다는 것이다.

폴포츠는 어렸을 때부터 못 생긴 외모로 친구들의 왕따 대상이었다. 오페라만이 그의 유일한 꿈이었으나 집안 형편이 넉넉지 못하여 정상적인 성악 교육을 받을 수가 없었다.

생활을 위해 잡다한 여러 직업을 거치면서도 꿈을 포기할 수 없었던 그는 전 재산 200달러를 들고 파바로티가 관련되어 있는 이탈리아의 성악 학원을 찾았다.

그러나 우상이었던 파바로티는 학원 수료식 때만 잠깐 참석하여,

"너 목소리가 괜찮구나." 한 마디만 겨우 던졌다고 한다.

악단은 살벌하고 냉혹했다. 응시하는 오디션마다 고배를 마시는 한편 악재는 계속되었다. 늘어나는 빚에다, 큰 성량을 요구하는 성악가에게 치명적인 쇄골수술에다, 부신종양 수술까지 …. 오페라는 이제 그에게 있어 이룰 수 없는 꿈으로 여겨지던 차에 기적이 일어난 것이었다.

'공주는 잠 못 이루고' 는 얼음같이 차가운 투란도트 공주를 향한 칼라프 왕자의 사랑의 승리이다.

그날 밤 폴포츠 역시 잠을 못 이루었을 것이다. 그의 꿈이 다른 사람에게 희망을 주었으니까.

파바로티도 잠을 못 이루었지 않았을까. 매력적인 추적자가 나타났으니까.

사이먼도 물론 잠을 못 이루었을 것이다. 음반 발매 3일 만에 8만장이 팔려 나갔으니까.

나 또한 늦도록 잠을 이루지 못했다. 석탄 한 조각이 기적적으로 다이아몬드로 변하듯 한 사나이의 생애가 극적으로 바뀌는 순간을 목격했으므로.

- 한국수필 2008 -

유행가처럼

장을 보다가 길 한 켠에 꽃 화분 몇 개를 놓고 팔고 있는 할머니한테 눈이 갔다. 3월이라고는 하지만 아직 바람이 찬데 꽃잎이 발그라니 물들어 있다.

절기란 이렇게 무서운 건가. 비가 오든 바람이 불든 꽃은 피게 되어 있다. 복잡한 시장 한 구석에서 꽃은 기어이 꽃이 되고자 자기 몸을 뚫고 나와 세상을 향해 깃발을 흔들고 있다.

꽃을 보니 정훈희의 「꽃밭에서」가 생각난다. 가요는 형식과 가사, 내용이 얇아서 새로운 가수가 새로운 느낌으로 접근하여 부르면 원곡보다 더 좋을 수도 있지만 「꽃밭에서」는 정훈희를 능가할 가수가 없다. '고운 잎은 어디에서 왔을까, 아름다운 꽃이여' 는 노래 자체가 그녀만의 꽃이요, 꽃잎이다.

요즘 들어 부쩍 유행가가 좋아지는 것은 계절 탓일까, 나이

탓일까. 꽃이 피면 꽃만 보이고 잎은 안 보이던 시절, 한때는 클래식만을 고집했던 적이 있었다. 아이들에게 '하고 싶은 일' 보다는 '해야 할 일' 이 우선임을 강조하고, 감성보다는 이성을 앞세우며, 클래식 같은 고급 문화를 선호했던 젊은 날이다.

어느 일요일 늦잠에서 깨어나 침대에서 게으름을 피우고 있을 때 스무 살짜리 아들 방에서 나직이, 그러나 묵직하게 바흐의 무반주 첼로 곡이 흐르는 것을 보고 얼마나 행복했던가.

이제 나는 꽃보다 잎에 눈이 가는 나이가 되어 유행가에 흠뻑 빠져들고 있다. 어느 봄비 오는 날 카페에서 '빗속의 여인' 을 색소폰으로 기가 막히게 부는 연주자가 있어 넋을 잃고 바라본 적이 있다.

일행 중 한 사람이 나의 그 모습이 마뜩찮았는지 자기도 옛날에 색소폰을 조금 불었었다고 넌지시 고백했다. 나는 순간 정색하여 무슨 말씀이냐고, 색소폰은 늙고 초라하고 못 생긴 남자가 불어야 깊은 슬픔이 느껴지고 호소력이 있다고 쏘아 붙였는데, 그럼 나는 젊고 넉넉하고 잘 생겼다는 뜻이냐고 헷갈려 해서 좌중이 웃음바다가 되기도 했다.

시어머니 모시고 뉴질랜드 갔을 때 바에서 칠십이 넘었음직한 늙은 남자가 'My Way' 를 색소폰으로 부는 것을 보고 어머니가 입을 다물지 못했던 것을 떠올렸던 것이다. 나는 그 때 20불을 선뜻 꺼내어 팁으로 주었었다.

어느 해 연말, 다리를 다쳐 허벅지 끝까지 깁스를 하게 되었다. 꼴도 민망하지만 출근하는 사람이 목발을 짚으니 불편하기 짝이 없었다. 거리는 크리스마스와 망년회로 들떠 있는데 나는 불시에 장애자가 되어 마음이 우울했다.

직원들이 조를 짜서 출 · 퇴근을 시키는 바람에 그럭저럭 기본적인 직장생활만 꾸려가던 중 망년회를 하게 되었다.

회식이 끝난 후 집으로 먼저 가려고 하는데 직원들이 놓아주지 않았다. 목발을 뺏으며 구태여 노래방에 데리고 가니, 모양이 참 가관이었다. 나이 든 여자가, 목발까지 짚고, 노래방이라니.

술이 나오고 이러저러한 노래가 한 바퀴 돌았다. 처음 듣는, 그러나 가슴을 치는 노래가 나왔다. 「무조건」이다.

내가 필요할 땐 나를 불러줘. 언제든지 달려갈게

낮에도 좋아 밤에도 좋아 언제든지 달려갈게

……………………………………………………

태평양을 건너 대서양을 건너 인도양을 건너서라도

술을 조금 마신 탓일까. 가사 하나하나가 나의 심장을 찔렀다. 사랑이 뭐 별건가. 필요할 때 무조건 달려가는 것이 아니던가. 태평양을 건너 대서양을 건너 인도양을 건너서라도.

둘도 없는 그 명쾌한 해답이 나를 울리고 말았다. 너무 멀리 있어 볼 수도 없고 너무 높이 있어 만질 수도 없는 사랑에 갇힌 나를 위하여 이름 없는 가수가 노래하고 있었던 것이다. 태평양을 건너 대서양을 건너 인도양을 건너 달려오는 것이 사랑이라고.

일요일 오후. 청소를 하다가 걸레를 든 채 TV에 눈이 꽂힌다. 장사익이 걸쭉하게 「봄날은 간다」를 부르고 있다.

오래된 노래 「봄날은 간다」에서는 백설희의 '연분홍 치마가 봄바람에 휘날리드라' 가 압권이지만, 장사익이 추레한 모습으로 TV에 나와 '새파란 풀잎이 물에 떠서 흘러 가더라' 고 내지르니 가슴이 시리다.

누가 유행가를 나무라는가. 우리 인생이 바로 유행가가 아니던가. 그대도 나도 풀잎이 되어 흘러가고 있다. 유행가처럼.

– 대구수필작가회 2009 –

맥주 한 잔

맥주 한 잔을 즐기는 편이다. 상황에 따라 다른 술을 마실 때도 있지만 불현듯, 간절히 한 잔 하고 싶을 때는 맥주일 때가 대부분이다. 그럴 때는 그야말로 딱 한 잔이 제격인데, 캔이거나 병이거나 한 잔을 넘기 일쑤여서 불편할 때도 있다. 양을 조금 줄여서 값도 약간 내리면 좋을 텐데 왜 그렇게 안 하는지 이해가 잘 안 간다.

시집 살 때 어느 순간 간절히 맥주가 한 잔 마시고 싶어 혼자서 캔을 뜯은 일이 있었다. 딱 한 잔만 마시고 나머지를 책으로 잘 덮어 놓았는데, 나중에 보니 못쓰게 되고 말았다. 그 후로는 누군가를 붙들고 함께 마시게 되었다. 대상이 아들일 때도 있었다.

아들이 고3 때 야간자습 후 집으로 데리고 오던 중 포장집에서 맥주 딱 한 잔만 하고 싶었다. 나는 아들에게 맛있는 냄비우동 사 주마고 유혹하여 포장집으로 데리고 들어갔다. 우동 한 그릇에 맥주도 한 병 시켰다. 그 한 잔이 얼마나 맛이 있던지! 남은 술을 아들이 마시고 기분 좋게 집으로 들어왔는데, 옷을 벗던 아들이 빙긋 웃으며 엄마는 내일 모의고사 치는 아들을 술 먹인다고 흉을 보았다.

비록 맥주 한 잔이라도 취향이다 보니 나 대로의 기준 비슷한 것도 있다. 그 첫째가 맥주잔이다.

나는 맥주를 시킬 때 '깜짝 놀랄 만큼 차가운' 술을 주문하는데, 잔도 역시 차가운 것을 원한다. 단골집에서 주는 살얼음이 살짝 낀 차가운 잔을 보면 기분까지 짜릿하여 술 맛도 좋다.

그 다음이 안주다. 맥주에는 역시 마른안주나 과일, 또는 야채나 건어물이 제격이다. 음식이나 술에도 궁합이 있는 모양이라 얼큰하고, 맵고 짠 국물류 안주는 소주에 더 어울리지 않을까 한다. 그러다 보니 안주류 음식을 보면 어울리는 술을 연상하는 버릇이 있다. 감자 칩을 보면 양주가 생각나고, 대구 찜을 보면 정종이 생각나는 식이다.

어느 명절 무렵 친정에 갔더니 선물 들어온 것 중에 나막스가 끼어 있었다. 탐을 내는 나를 보고 친정엄마가 그건 도대체 어떻게 해 먹는 반찬이냐고 물었다. 튀기거나 찜하면 술 안주로 일품이라고 대답했더니 아이들이 엄마는 무슨 반찬이든지 술하고 연결시킨다고 하여 한 바탕 웃었다. 웃는 바람에 밥 먹다가 물 더 가져오라는 말을 술 더 가져오라고 잘못 말하여 다시 또 웃음이 터졌다.

지난 주에는 친구들과 셋이서 해외여행을 가게 되었다. 비행기 안에서 마실 것을 제공하는데 생수와 몇 가지의 주스 옆에 놓인 캔 맥주가 나의 눈에 들어왔다. 나는 순간 호텔에 가서 냉장고에 넣었다가 샤워 후 한 잔 하면 좋겠다는 생각이 들었다. 주스 대신 맥주 하나를 받았다. 그것을 보던 두 친구도 캔 맥주를 하나씩 챙겼는데, 받고 보니 보관방법이 애매했다. 주머니에 넣었다가, 가방에 넣었다가 제법 분주했다.

문득 한 친구가 '기내 음식을 밖으로는 못 가져갈 것' 이라는 의견을 제시했다. 참으로 현명하고 올바른 지적이었으나 우리는 갑자기 복잡해졌다.

맥주를 어떻게 돌려 줄 것인가.

무어라고 설명하며 돌려 줄 것인가.

다른 친구가 '사실대로' 말하자고 제안했다.

사실대로 어떻게?

숨기고 나가서 호텔로 가져가려 했다고?

궁리 끝에 우리는 설명을 하지 않기로 하였다. 스튜어디스가 지나가자 조용히 맥주를 돌려주었다. 그저 말없이 애매하게 웃으면서 ….

잠시 후 스튜어디스가 맥주 3캔을 다시 가져다주었다. 차가운 걸로 바꿔달라고 이해한 모양이었다. 만지작거리다가 따뜻해져버린 아까 것과는 달리 '깜짝 놀랄 만큼' 차가운 맥주였다. 안주용인지 땅콩도 조금씩 나누어 주었다.

우리는 은밀한 미소를 교환하며 건배를 나누었다.

세상에는 이런 비밀도 있는 것을 ….

맥주는 크리스털처럼 차갑고 맛이 있었다.

– 한국수필 2008 –

참 좋은 것

수필가이신 정목일 선생님이 금아 피천득 선생님에 관해 쓰신 글을 읽었다. 선생님은 당시 서울에서 가장 먼 지방에 살면서 아무도 알아주지 않는 수필에 매달려있는 자신이 잘 하고 있는지 반신반의하며 한숨을 쉬던 중이었다고 한다.

「현대문학」에 추천된 작가들이 모여 동인지 출판기념회 자리를 마련했을 때, 평소 존경하던 금아 피천득 선생님을 한번 뵐 수 있으면 얼마나 좋을까 생각했다고 한다. 금아 선생님은 내 이름을 한번이라도 들어 보셨을까.

내 작품을 한 편이라도 읽어 보셨을까 …, 하면서.

어렵게 부탁드린 격려사를 금아 선생님이 하실 때 정목일 선생님은 그만 심장이 멈추는 듯 했다고 한다. 단상에 오르신 금아 선생님이 말씀하시기를,

"지금껏 이런 자리에 나온 적이 없지만, 죽기 전에 정목일 수

필가를 한번 만나보려고 왔습니다. 제 저서에 서명을 해 가지고 왔습니다."

나 역시 그 글을 읽었을 때 벅찬 감동을 느꼈다.
정목일 선생님의 소년 같은 얼굴이 얼마나 붉어졌을까 상상되었다. 이 보다 더 좋은 것이 세상에 또 있을까.
살면서 과연 몇 번이나 이렇게 좋은 일을 만날 수 있을까.

감히 견주어 비슷하다 말할 수는 없지만 나 또한 호흡이 딱 멈추어지는 순간이 있었다.

고등학생이었을 때다. 시인 유치환 선생님이 우리 학교 교장으로 부임해 오셨다. 전임지에서 학생들이 못 가시도록 울고불고 하는 통에 이틀이나 늦게 도착하셨다. 베레모를 쓰고 손을 번쩍 들어 보이며 오셨다. 480명의 여고생들이 환호성을 질렀다.

선생님이 훈시하실 때 우리는 모두 숨을 죽였다. 내용은 전혀 중요하지 않았다. 단상에 서 계시는 것만으로도 훈시가 되었다. 선생님이 운동장을 서성일 때 우리는 몰래 훔쳐보았다. 비가 오든 눈이 내리든 상관하지 않았다. 그 또한 선생님의 일부였을 따름이니까.

문예반장이었던 나는 신라문화제 백일장에서 장원을 했다.

당시로서는 큰 규모의 문화제였다. 같은 학년의 한 친구는 「화랑과 원화」 선발대회에서 '원화 진' 으로 뽑히는 영광을 안았다. 대구시장이 우리 둘을 불러다 치하를 해 주시고, 유치환 교장선생님도 기뻐하시며 자장면을 사 주셨다.

'원화 진' 은 우아하게, 깨끗하게 먹었다. 나는 그렇지 못했던 모양이었다. 선생님이 손으로 입 가장자리를 닦아 주셨다. 근사하게, 빙그레 웃으시면서 ….

나는 순간 호흡이 딱 멈추어지는 걸 느꼈다. 더 이상 자장면을 먹지 못했다. 젓가락질이 불가능해졌기 때문이었다.

졸업 후 긴 세월 나는 문학 외적인 삶을 살았다. 퇴직하고서야 겨우 수필문단에 등단했다. 문예지에 작품이 실리는데, 초라하기 짝이 없는 약력이었다. 나의 앞, 뒤 작가는 하나같이 개인 수필집 몇 권에, 무슨 협회의 회장에, 문학상 수상자들이었다. 나는 그저 단 한 줄, 등단 사실 밖에 없었다. 늦은 나이에, 작품도 없고, 참으로 허망했다.

어느 날 원로 수필가이신 김규련 선생님의 편지 한 통이 집으로 도착했다. 별명(別名)을 내리신다는 말씀이었다.

"박기옥의 몸집은 아담하고 작아서 작을 '小' 가 나타나고, 내면에는 빛나는 예지와 냉철한 지성, 그리고 향기 묻어나는 감성이 보배 '珍' 으로 느껴져서 아호를 '小珍' 이라 하겠습니다."

편지를 읽는 순간 나는 내 마음 속에서 수백 마리의 나비가 일제히 날개를 펄럭이는 걸 느꼈다. 같은 하늘 아래 계시는 것, 걱정해 주시는 것이 한꺼번에 왈칵 서러웠다.

정목일 선생님은 스승의 타계로 세상이 적막하다고 하셨다. 무릎을 꿇고 땅에 머리를 대고 절 올릴 스승이 있다는 건 행복이라고 하셨다. 나에게도 심장을 멎게 하는 스승이 계시니 과분한 행복이다.

- PEN 문학 2008 -

4월에

나의 생일이 양력 4월 5일이 된 것은 나와는 무관한 것이다, 라고 하면 그럼 누구는 자기의 생일을 임의로 지정해서 태어나느냐고 반문할 지도 모른다. 허나 나의 경우 생일이 4월 5일이 된 것은 전적으로 게으르고 기억력 나쁜 남편 탓이다.

그는 결혼 첫 해부터 나의 생일이 음력 3월 보름이라는 사실에 불만을 품었다.

요즘 세상에 음력을 누가 쓰고 누가 기억해. 이러고도 생일 빠뜨리면 나만 죽일 놈 되는 거잖아. 나 봐. 양력 생일 하니까 얼마나 좋아. 날짜도 좋지, 12월 23일. 예수보다 하루 먼저 태어났잖아. 아니다, 나 뒤에 예수가 태어난 거네. 생일은 이렇게 하는 거지. 12월 23일. 기억하기도 좋고 편리하잖아. 크리스마스 선물도 생략할 수 있고. 얼마나 산뜻하고 깔끔한 거야.

마치 자기가 탁월한 능력을 발휘하여 생일을 지정하여 태어나기라도 한 듯이 나의 미개함과 고지식함을 비난하다가 어느 해 중요한 사실 하나를 발견했다. 옳지, 올해는 3월 보름이 양력 4월 5일이 되는구먼. 이제부터 당신 생일은 4월 5일로 하자. 식목일. 근사하네. 어때, 당신 생각은? 그럴듯하지 않아?

언뜻 들으면 대단히 자상한 남편으로서 민주적으로 나의 의견을 묻는 것 같지만 그는 전혀 자상하지도 민주적이지도 않은 태도로 달력마다 빨간 볼펜으로 표시를 해 놓았는데, 사람의 마음이라는 것이 깃털처럼 가볍고도 가랑잎처럼 허망하여 남편의 그 빨간 표시가 사실 여부와는 상관없이 30년 동안의 음력을 물리치고 당당하게 공적 효력을 발휘하게 된 것이었다.

그의 제삿날이 4월 10일이 된 것은 그와는 무관한 것이다, 라고 하면 그럼 누구는 자기의 제삿날을 임의로 지정해서 죽느냐고 흥분하면서 세상에는 본인의 의사와 무관하게 설날 혹은 추석날 아침에 사망하는 사람도 있고, 2월 29일에 사망하는 사람도 있으며, 국경일에 사망하는 사람도 있고, 예수 또는 석가와 같은 날 사망하는 사람도 있으며, 아버지와 같은 날 사망하는 아들도 있고, 할머니의 제삿날 사망하는 손녀도 있다, 고 하겠지만 그의 경우 제삿날이 4월 10일이 된 것은 전적으로 무계획하고 무책임한 그의 탓이다.

그 날 아침 그는 아들을 병상으로 불렀다. 아이의 생일이었던 것이다. 아이는 쭈뼛쭈뼛 병색이 완연한 아버지에게 손목을 잡혔다.

"몇 살이지?"

"네 살."

아이는 손가락을 네 개 펼쳐 보였다.

"아니다. 오늘부터 다섯 살이다."

아이가 나가자 이번에는 내 손목을 잡으며,

"4월에는 행사가 많네. 당신 생일도 있고."

그 '행사'에 자신의 제사까지 보태어 이번에는 내가 달력에다 빨간 표시를 하게 되었는데, 사람의 마음이라는 것이 깃털처럼 가볍고도 가랑잎처럼 허망하여 나의 그 빨간 표시가 그의 의사와는 무관하게 44년 동안의 생존을 뿌리치고 당당하게 부재(不在)를 선포하는 것이었다.

몸

참으로 고약한 것이 있다. 외모 지상주의로 흐르는 작금의 가치관이다. 키나 몸무게에 따라 '루저(loser:패배자)' 가 판가름 나는 세상이라고 하니 할 말을 잃는다. 한 시대를 지배했던 나폴레옹이나 등소평, 박정희 대통령도 루저였던가?

몸이 이성을 앞지르는 경우는 일상생활에서도 경험한다. 내가 속한 전문직 여성 클럽에서 〈차세대 전문직 여성 세미나〉를 열었을 때의 일이다. 고등학교별로 2~3명씩 추천 받은 모범 학생들이 연수 대상이었다. 다년간에 걸쳐 연구 개발된 프로그램들이라 호응도가 높았다. 주최 측도 열심이었지만 학생들 또한 진지하여 짐짓 기분이 고조된 상태였다.

프로그램이 끝날 무렵 무용을 전공한 멤버가 무대에 올랐다.

〈쉘 위 댄스〉 시간이다. 그는 말없이 학생들이 좋아하는 몇 가지의 댄스 동작을 선보였다. 폭발적인 함성이 강당에 울려 퍼졌다. 큐에 따라 음악이 울리고 학생들이 몸을 움직이기 시작했다. 음악과 춤. 아우성. 흥분.

순식간에 강당은 몸으로 뜨거워졌다. 머뭇거림도 뒤처짐도 보이지 않았다. 앞서거니 뒤따르거니 강물이 되어 함께 흐른다고나 할까. 바닷물이 파도를 이루며 바위를 넘는 모습이라고나 할까. 모든 학생이 갑자기 정돈되고 단결되었다. 지구상에 오로지 그들만의 우주가 새롭게 형성된 듯했다.

누군가가 의문을 제기했다. 어째서 가장 돈 안 들고 즉흥적인 〈쉘 위 댄스〉가 저토록 학생들을 사로잡느냐고.

"몸이잖아, 몸!"

옆에 앉은 행사단장이 명쾌한 답을 내놓는다.

'그러니까 남편이 첫사랑을 평생 동안 가슴 속에 품고 있는 것은 어쩔 수 없지만 하룻밤 몸 섞고 오는 것은 못 참는 법' 이라고. 기막힌 대답에 폭소가 터졌다. 몸의 권력이고 배반이다.

– 수필문학 2010 –

여름
Summer

벌(蜂)

달포 전에 아들이 벌에 쏘인 일이 있었다. 딱하게도 불알을 쏘이고 말았다. 거실에 있는 화초 근처에서 속옷을 갈아입다가 그리 되었다. 갑자기 따끔하여 가시가 든 줄 알고 들여다보았더니 벌이 한 마리 들어있어 집안이 발칵 뒤집어졌었다. 언제부터 그 녀석이 우리 집을 엿보게 되었을까.

오늘 아침 참외를 깎다가 무심코 거실 창을 보니 유리창에 벌이 또 한 마리 묻어있다. 두 번째 손님이다. 생명체 같지도 않게 움직임이 없다. 아마도 내가 먼저 녀석에게 들켜 버렸나 보다. 내가 저를 보기 전에 녀석이 먼저 나를 보았기 때문에 반사적으로 움직임을 딱 멈추었으리라. 아니다, 멈춤일 수는 없다.

생물에게 정지는 죽음을 의미한다. 녀석은 오히려 사력을 다한 움직임으로 유리창에 붙어있음이 틀림없다. 정물처럼 보이는 것은 순전히 나의 착각일 것이다. 지금쯤은 등 뒤로 나의 시선을 느끼고 있는 지도 모른다. 자신의 존재를 기어코 들키고 말았음을 눈치챘기 때문에 더욱 필사적으로 붙어 있을 것이다.

한편 나는 녀석을 알아챈 순간 너무 놀라 손을 베고야 말았다. 공포감이다. 내가 일찍이 보아온 것은 맨드라미꽃에 코를 박고 있거나 탱자나무 위를 맴돌며 쉬고 있는 벌이다. 빈 집에 녀석과 단 둘이 있어본 적은 한 번도 없다. 더구나 녀석은 황당하게도 내 아들의 속옷에 들어가 불알을 쏜 놈과 같은 족속이 아닌가.

노란 참외에 붉은 피가 뚝뚝 떨어진다. 나는 바위처럼 꼼짝할 수가 없다. 아는 척 해야 하나, 모른 척 해야 하나. 아는 척 하는 순간 우리는 적대관계가 성립되고야 만다. 나는 녀석의 무모함을 경계해야 하고 녀석은 나의 잔인함에 대처해야만 한다. 피할 수 없는 우리의 숙명이다. 숨도 제대로 쉴 수 없는 상황인데 흐르는 피만이 동작을 멈추지 않고 있다.

베인 부분에 피를 닦고 밴드를 붙인다. 숨을 고른다. 대응 방법을 궁리한다. 중국 속담을 적용해 본다. 친구가 오면 술을 권하지만 적이 오면 총을 겨눈다고 했다. 총 대신 파리채로 잡아버려야 하지 않을까. 그러나 상황이 나에게 전적으로 불리하다. 유리창이 높아 의자를 놓아야 하는데 그 사이 녀석이 나를 가만둘리가 없다. 의자에 오르는 순간 녀석은 나의 저의를 눈치 채고 전 속력으로 나를 공격할 것이다. 날 수 있는 것에 대한 날 수 없는 것의 한계다.

몽고인들의 협상법을 활용해 볼까. 아무 제재도 가하지 않고 저 하고 싶은 대로 내버려둔다. 되도록 녀석을 자극하지 않는다. 유혹하듯 살그머니 창문만 열어 둔다. 바람이 성큼 집안으로 끼어든다. 벌을 회유하는가, 나를 응원하는가. 나는 나의 호의가 녀석에게 우호적으로 받아들여지기를 기대한다.

갑자기 녀석이 움직임을 시도한다. 시위인가. 반란인가. 날개를 거만스럽게 펴는 듯하더니 큰 몸짓으로 유리창을 한 바퀴 돌아 보인다. 바로 옆의 열린 창은 안중에 없는 모양이다. 닫힌 창을 중심으로 무도회를 하듯 서너 바퀴를 소리 내며 돌고 있다. 에엥…, 에앵…, 에앵…, 녀석이 내는 소리가 눈앞을 지나 귓속을 뚫고 머릿속까지 침범해 들어온다. 나는 공포로 혼이 빠져 버렸다. 나야말로 열린 창을 통해 밖으로 날아가고 싶은 심정이다.

녀석을 의심하기 시작한다. 달포 전 동료의 일로 나를 벌(罰)주러 침입한 건가?

그렇다면 유감스럽기 짝이 없는 노릇이다. 이 모든 일은 그

녀석의 부주의에서 비롯된 것이 아닌가. 방자하게 내 아들의 팬티 속으로 들어온 그 녀석을 어찌 가만 둘 수 있단 말인가.

녀석의 입장을 이해해 보려 머리를 쥐어짠다. 우리 집에 그냥 잠시 들러본 것은 아닐까. 아무런 목적도 의도도 없이 들어왔다가 유리창과 마주쳤을 수도 있지 않을까. 단지 금지구역을 몰랐을 수도 있겠다. 녀석들의 지능지수는 그 녀석이 내 아들의 팬티 속에 들어왔을 때 다 알아봤다. 벌은 원래 침을 사용한 순간 저 먼저 죽고 만다는데 그 일이 목숨을 걸 일이었던가.

아들 또한 무신경했음을 인정하지 않을 수 없다. TV에 나오는 축구경기를 보느라 화초 옆인지도 모르고 속옷을 갈아입은 것이 불찰이었다. 모르는 사이 벌을 자극했을 수도 있다. 낮잠 즐기는 그 녀석을 위협했을 수도 있다. 사랑을 나누는 그 녀석에게 방해가 되었을 수도 있다. 오죽하면 내가 그를 나무라면서 벌(罰) 받느라고 벌(蜂)에 쏘였다고 몰아세웠을까.

녀석은 이제 거실 커튼의 레이스 부분에 얌전히 붙어있다. 한바탕 시위 후 기분이 한결 좋아진 것 같다. 여유 있게 뒷다리를 들어 몸을 푸는 모양이 화해를 고려하는 눈치이다. 녀석 또한 나처럼 분석의 시간을 가졌는 지도 모르겠다.

나는 한 번 더 화친을 제안하기로 했다. 이번에는 현관문까지 활짝 열어 준 것이다. 아까와는 달리 집안의 모든 문을 있는 대로 소리 내어 다 열어젖혔다. 나의 완벽한 무장해제를 녀석이 알아주기 바랐다.

서양 미신에 벌은 행운의 전령사라고 하던 게 왜 이제 생각났을까. 벌이 집안으로 들어오면 중요한 손님이 온다는 것을 알리는 일이라 했다. 우리나라의 까치와 같은 개념이다. 벌이 전하는 손님이 찾아오면 마실 것과 먹을 것을 충분히 주어 잘 대접하라고 했다. 벌을 죽이면 수년간 불행에 시달린다고도 충고한다.

재미난 미신이라 생각하며 파리채를 치우다 보니 녀석은 어느새 밖으로 날아가 버리고 없다. 녀석을 향한 나의 진정이 전달된 모양이다. 이번 일로 우리 사이에 모종의 화합이 이루어진 게 아닐까. 우리가 교환한 메시지는 결국 '소통'이 아니겠는가. 나는 괜히 기분이 좋아져서 문들을 차례로 닫았다.

– 수필과 비평 2010 –

물

식사 도중 물통을 집다가 그릇 채 엎지르고 말았다. 물은 식탁 위에 통째로 왈칵 쏟아졌다. 쏟아진 물은 거침없이 움직이기 시작한다. 싱크대와 냉장고 밑으로 빠르게 달아난다. 기다림도 없고 망설임도 없다. 그릇 안에 있을 때는 그토록 조신하더니 나갈 때는 추호의 미련도 없다.

나는 혼이 빠져 떠난 물을 바라본다. 물의 의지가 당혹스럽다. 담길 때는 몸을 맡긴 채 조용히 흘러들지 않았던가. 지금은 저리도 빨리 떠나고 있다. 나는 물을 따를 수도 잡을 수도 없다. 물의 배신인가.

옛날 한 선비의 물에 얽힌 얘기가 생각난다. 고생 끝에 과거에 급제한 선비가 금의환향을 한다. 선비를 배신한 여인이 찾아와 눈물로 용서를 빌자 선비가 물을 한 대접 가지고 오게 한다.

"쏟아 보아라."

여인이 땅바닥에 물을 쏟자,

"담아 보아라."

두 사람의 인연이 엎질러진 물이 되었음을 말해 주는 대목이다. 돌이킬 수 없는 물은 단호하고 허망하다.

걸레를 들고 엎질러진 물을 수습하다가 손에 묻은 물을 가만히 들여다본다. 태초에 우리는 어떤 인연으로 만났을까. 인간은 생명으로 잉태된 순간부터 양수로 가득찬 자궁 안에서 길러졌다. 태어나서도 살아있는 동안 내내 물의 다스림을 받아왔다. 우리 몸의 90% 이상이 물로 되어 있지 않은가.

또한 물은 옛부터 그 순정함으로 온갖 기원(祈願)의 매개가 되었다. 인간은 무엇이든 간구할 때면 물을 먼저 찾았다. 과거시험 떠난 아들의 성공을 정화수 한 사발 떠 놓고 빌고, 손이 귀한 집안의 자손을 깨끗한 물 한 그릇으로 빌었다. 귀신을 쫓을 때도, 귀신을 부를 때도 손 타지 않은 새벽의 정갈한 물이 사용되었다.

우리는 물의 어려움을 얼마나 알고 있을까. 500년 전 일본은 조선을 치기 위해 어리석게도 물(바다)을 거스르고자 했다. 그런가 하면 조선의 임금 선조는 일본을 다녀온 사신으로부터 도

요토미 히데요시의 인물됨을 보고받는 자리에서 엉뚱한 의문이 생겼다.

"그래, 바다는 어떻게 생겼던고?"

"많고 많은 물이 끝없이 이어지더이다."

"고이타. 물이 어찌 그리도 많더란 말인고!"

물을 모르는 임금은 전쟁 내내 물을 아는 장군을 옥에 가두었다 풀었다 변덕을 부렸다. 전쟁에서 대패한 전임자의 뒤를 이어 어렵게 12척의 배를 수습한 장군에게 수군으로 싸우지 말고 육군으로 싸우라고도 했다.

다행히도 장군은 물을 잘 알았다. 울돌목을 활용하여 겨우 12척의 배로 133척의 일본 배를 퇴각시킨 것도 물의 속성을 이용한 지혜였다. 그러나 어쩌랴. 마지막 해전에서 바다가 장군의 목숨을 거두었을 때에야 임금은 가슴을 치며 탄식했다고 하지 않던가. 이제 또 누가 있어 물의 전쟁에 나가 싸우겠는가 하면서.

물의 너그러움은 회룡포가 말해준다. 경북 예천에 있는 회룡포는 물이 마치 비상하는 용처럼 마을을 휘감으며 돌아나간다 해서 붙여진 이름이다. 강이 남쪽으로 유유히 흐르다가 산을 만나자 둥글게 원을 그리며 왔던 길로 거슬러 흐르는 것이다. 마치 물이 거꾸로 흐르는 것처럼 보여 잠시 숨이 멎는다. 놀랍다고 할까. 기이하다고 할까. 나의 온 몸이 그에 편승해 거꾸로 솟아오르는 것 같은 착각이 인다. 물은 정작 아무 일 없었다는 듯이 제자리로 돌아와 S자로 흐름을 지속한다. 물길 속에 자리한 마을 또한 육지 속의 섬이 되어 평화롭기만 하다.

그 누가 물의 덧없음을 말하는가. 물의 속성은 차라리 모양의 없음이 아니던가. 물은 결코 자신을 내세워 주장하는 일이 없다. 언제 어디서나 그릇의 모양대로 조용히 담겨 있다가 흐를 때도 자신을 감추고 길의 뜻대로 흐른다.

또한 물은 아무 것도 걱정하지 않는다. 흙이 있으면 품고 가고 작은 돌은 지나간다. 바위가 보이면 넘어가고 산을 만나면 돌아나간다. 바람이 불면 실려 가고 비가 오면 함께 간다. 높거나 낮거나 작거나 크거나 물의 흐름을 멈추게 할 수는 없다. 그 어떤 것도 시간을 대신할 수 없듯이 물 또한 오직 물 밖에 대신할 수 없는 까닭이다. 그 물 한 줌이 오늘 아침 나를 떠났다.

소리

외출에서 돌아와 현관 앞에서 잠시 발을 멈추었다. 안에서 바이올린 소리가 들려왔던 것이다. 휴가를 틈타 잠시 귀국한 딸아이의 연습하는 모습이 장식 유리를 통해 비친다. 흐름을 끊지 않으려고 선 채로 귀를 기울인다.

처음 바이올린을 접한 나이가 일곱 살이었던가, 여덟 살이었던가. 1년쯤 지난 후에 진도가 어찌 되어 가느냐고 물은 적이 있었다. '소리' 가 나기 시작했다는 대답이 돌아왔다. 소리가 난다고? 벌써 소리가? 나는 아이의 천진한 대답에 잠깐 웃었다. 수영을 시작한 사람이 물에 뜨기 시작했다고 자랑하는 말처럼 들렸던 것이다. 물 위에 뜬다고 그것을 수영이라 할 수 있을까.

아이는 성실하게 자신의 소리를 만들어갔다. 바이올린 선생의 주문은 '둥글고 속이 꽉 찬 소리' 였다. 아이는 의문하지 않고 온 몸으로 이를 받아들였다. 레슨 다녀올 때마다 아이의 소리는 눈에 띄게 달라졌다. 허술한 소리를 자책하거나 자기의 소리에 매몰되는 법이 없었다. 굽은 소리는 펴고 모난 소리는 깎고 빈 소리는 채워갔다. 화선지같이 빈 마음에 선생의 가르침이 먹물처럼 스며든 결과이리라.

소리가 모양을 잡아가자 선생은 '띄워 보내는 소리'를 주문했다. 안으로 안으로 깊게 품은 소리를 잘 익혀 밖으로 보내는 훈련이었다. 청중과의 소통이었다. 아이는 이번에도 갈등하지 않았다. 주저하지도 서두르지도 않고 아이다운 무구(無垢)함으로 소리를 품고 내보내는 일에 몰두했다.

어느 날, 아이는 특이한 소리를 선보였다. 피아노 앞에 앉아 연습곡을 치고 있는 남동생에게 슬그머니 다가가더니 바이올린을 들어 화음을 넣기 시작하는 것이었다. 동생이 치는 곡은 지극히 단순했다. 이제 겨우 양손 연습에 들어간 참이어서 음악이라고 할 수조차도 없는 수준이었다. 그나마도 손 모양이 바르지 않아서 엄마인 나에게 꾸중을 듣고 있던 참이었다.

누나의 화음은 감동이었다. 하찮은 연습곡이 순식간에 근사한 듀엣곡으로 살아났다. 아름답고 감미로운 멜로디가 서서히 번지면서 갑자기 온 집에 꽃이 우우 피어나는 듯 했다. 동생은 신이 나서 어깨를 들썩이고 가족들의 웃음소리가 집안 가득 퍼져 나갔다. 아이는 이제 화합의 아름다움을 이해하기 시작한 것이었다.

아이와 달리 나는 쉽게 소리가 얻어지지 않았다. 나에게 있어 '소리' 를 내는 일은 삶을 꾸려가는 일일 터였다. '둥글고 속이 꽉 찬 소리' 는 충실한 자기 삶을 만드는 일이었다. '띄워 보내는 소리' 는 세상과의 소통을 말함이리라.

나는 그 어느 것에도 편하게 이르지 못했다. 늦은 나이까지 가정과 직장을 병행해야하는 나 같은 사람에게는 차라리 소리가 없었다고 보는 편이 옳았다. 어디에도 나는 없었다. 아무 것도 내 것은 없었다. 목적한 소리는 있으나 내 것으로 품어지지 않았고 세상의 소리는 미처 내 안에 들이기도 전에 공중으로 흩어졌다. 나는 그저 아이 넷을 둔 평범한 직장 여성으로서 지우개처럼 매일 조금씩 닳아 없어지고 있을 따름이었다.

소리꾼들은 소리를 어떻게 얻을까? 어느 해 봄, 영화 「서편제」에서 본 소리꾼의 득음 훈련은 등짝을 후려치는 감동이었다. 저음에서 고음까지 높고 깊고 넓게 혼을 바쳐 소리 지르면 목이 잠기고 피가 솟는다. 피를 토하면서도 멈추지 않고 한·두 해 목을 풀었다 잠갔다 하다보면 옆에서도 소리가 들리지 않을 정도로 목이 콱 쉬다가 마침내 트인다. 득음이다.

「서편제」에서는 소리를 통한 화합도 압권이다. 창을 하는 여인은 장님이고 북을 잡은 고수는 배 다른 남동생이다. 이룰 수 없는 사랑을 가슴에 품은 두 사람은 20년 전에 헤어졌다가 오늘에야 만났다. 세월만큼 쌓인 한을 안고 창(唱)과 북으로 마주 앉은 것이다.

"아이구 아버지 아니시오."

심청가를 뽑는 여인이 사무친 한(恨)을 토하자 고수의 북이 둥둥둥 소리를 받친다. 창과 북이 소리와 장단으로 어우러진다. 창도 창이지만 장단을 짚어내는 고수의 솜씨 또한 예사롭지 않다. 몸 곳곳에 북 가락이 잔뜩 끼어있음이 보인다.

소리가 나가다가 숨이 딸려서 처진다 싶으면 '얼씨구나' 부추기고, 소리가 슬프게 나올 때는 북 가락을 줄이고 '얼쑤–' 하며 북소리도 낮춘다. 소리가 씩씩하게 나갈 때는 북장단도 크게 쳐서 '얼씨구 좋다' 소리를 돋운다. 밀고 당기고 맺고 풀며 소리를 다듬고 어루만지는 것이다. 몸을 대지 않고도 소리와 북으로 서로 희롱하고 보듬고 내치고 거둔다. 소리를 통하여 화합에 이르는 길이 이리도 아름다울 수 있음을 보여주는 것이었다.

바이올린이나 창이나 삶의 소리나 쉽게 얻어지는 것은 없었다. 내달기만 한다고 좋은 소리가 만들어지는 것도 아닐뿐더러 어느 날 갑자기 좋은 소리가 기적처럼 찾아오는 것은 더욱 아니었다. 내 안에 있는 수많은 나를 비우는 것도 어렵지만 목적한 소리에 온전히 나를 쏟아 붓는 일도 쉽지 않았다. 비우고 붓느라 피 토한 목이 수 없이 잠겼다 풀렸다 하는 중에 비로소 자기의 소리가 얻어지는 것이었다.

한(恨)을 삭히는 일도 다르지 않았다. 명창들은 생(生) 또한 한으로 간주한다. 삶 자체를 한과 동일시하는 것이다. 살아가는 일이 한을 쌓는 일이요, 한을 쌓는 일이 살아가는 일이라고 한다. 응어리진 한을 넘어서야 소리에 한을 실을 수 있다고도 한다. 나는 그 넘어섬을 '자유'로 이해한다. 나로부터도 소리로부터도 자유롭기를 희망한다.

문득 아이의 바이올린 소리가 멈춘다. 현관 앞에서 엄마의 귀 기울이는 소리가 들린 것일까. 나는 짐짓 침묵으로 나의 존재를 알린다. 침묵 속에서 우리는 서로의 소리를 듣는다. 악기 내려놓는 소리, 활 푸는 소리, 발자국 소리 ….

이제 곧 아이의 문 여는 소리가 들릴 것이다. 소리는 우리의 삶에서 소통이자 화합이며, 막아선 벽을 뚫고 드나드는 길일 터이다.

– 현대수필 2010 –

냉장고를 고치며

주스를 마시다가 수상한 낌새를 눈치 챘다. 냉장고가 고장 난 모양이다. 주스가 상큼하게 차갑지를 않고 '몸에 좋은' 온도이다. 나는 원래 한 겨울에도 냉장고에서 찬물을 꺼내 마시는 것을 좋아해서 차지 않는 물은 입 안에서 금방 거부 반응이 일어난다. 문을 열어 보니 불은 들어와 있고 온도조절계도 이상이 없는데, 손을 집어넣어도 시리지가 않다. 냉동실을 보니 고기에 피가 조금씩 배어나오고 있다. 탈이 나도 단단히 난 모양이다.

그간 13년을 사용했으니 말썽이 날 법도 하다. 내가 워낙 물건을 한 번 구입하면 유행에 관계없이 오래 쓰고, 정을 붙이면 사람에게 하듯 쓸고 닦는 성격이라 언제부터인가 냉장고는 가족처럼 친숙해졌다.

지난 번 유럽 갈 때도 옆집 사는 이에게 화초와 금붕어를 부탁하면서 하루 한 번씩 냉장고 문을 반드시 열어달라고 부탁했었다. 친구인 S가 50일 동안 미국에 있는 딸네 집에 갔다 왔더니 10년 된 냉장고가 '끝났더라' 고 한 말이 생각났기 때문이다. 말하자면 집 비우는 동안 냉장고에게 '누군가 있음' 혹은 '잊지 않고 있음' 을 꾸준히 기억시킨 것이었다.

S에게 전화를 하니 자기의 경우 서비스센터를 부른 결과 냉장고의 수명이 다 되었다고 하더라면서 이참에 냉장고를 바꾸라고 충고한다. 어차피 수명과 관련된 고장은 고쳐봤자 돈만 들고 얼마 못 간다는 얘기였다. 새로 출시된 냉장고는 얼음도 잘 나올 뿐 아니라 모양도 섹시하고, 와인 바가 끝내준다는 정보도 덧붙인다.

와인 바라고? 순간 나의 눈앞에 한 쪽 어깨가 드러난 흰색 드레스를 입은 여자가 자줏빛 와인 바를 여는 광경이 펼쳐진다. 그 여자의 허리는 박현빈이 노래하는 S라인이며, 손은 모파상의 작품에 나오는 여자처럼 가늘고 희고 고와서 자줏빛과 환상적인 조화를 이룬다.

또 다른 광경은 욕조에 있는 여자이다. 뭉게구름처럼 탐스러운 거품 목욕을 하고 있는 여자가 젖은 머리를 털며 와인을 마신다. 크리스탈 잔에 반쯤 채워진 와인 역시 장미처럼 붉은 빛이다. '으음, 맛있다!' 고 감동하는 여자의 입술은 꽃잎 같고, 와인을 삼키는 목덜미는 알퐁스도데가 말하는 '아를르의 여인' 처럼 길고 희고, 매끄럽다.

나의 환상은 그러나 5분을 못 넘기고 끝나고 말았다. 전화하느라 펑퍼짐하게 앉아있는 내 모습이 반대 쪽 거울에 비치고 있었기 때문이다. 푸수수한 머리 모양새로 게슴츠레한 눈을 하고 있는 여자는 몸빼 차림이다. 발코니 청소를 하려던 참에 전화부터 잠깐 해 본다는 것이 와인 바 때문에 주저앉은 것이다.

나는 서비스센터로 다이얼을 돌렸다. 1시간 내로 기사가 들를 거니까 냉장고를 완전히 비워달라는 답변이 돌아왔다. 이제 이 냉장고는 오늘로서 나와의 인연이 끝날 수도 있을 것이다.

냉장고를 비우고 보니 듬직한 풍채에 눈이 간다. 세상 떠난 외할머니의 모습을 닮았다. 외가 부엌 옆에는 샘이 하나 있었다. 냉장고가 없던 시절이라 이 샘이 집 안의 냉장고 구실을 했다. 할머니는 여름이면 샘물에 과일이나 고기를 보관하셨다. 별도의 두레박에 식품을 담아 깊은 샘에 드리웠는데, 그 일들이 어찌나 경건했던지 그 누구도 감히 손 댈 생각은 하지 못했다.

한 여름에도 할머니는 할아버지에게 간식으로 차가운 홍시를

드렸다. 어떻게 그렇게 보관할 수 있었는지 지금도 미스터리로 남아있다. 할머니는 말 한 마디 없이 미숫가루 한 잔과 홍시를 내어놓고, 할아버지는 그것들을 맛있게 드셨다. 나는 옆에서 조금씩 남겨 주신 것을 강아지처럼 핥았다.

내가 어른이 되어 '사랑'을 고민하기 시작했을 때 내면 깊숙히 두 분 노인의 깊은 신뢰와 말 없는 배려가 작용한 것은 부인할 수 없을 것이다. 사랑은 결국 몸을 사용함으로써 완성된다는 생각을 하게 된 것이다. 자식이 엄마에게 선물을 사 오는 것만 사랑이 아니라 외출에서 돌아와서 양말을 반듯하게 펴서 세탁기에 넣어주는 것 또한 사랑이라는 뜻이다.

할머니는 여름 내내 할아버지를 위해 차가운 홍시를 준비하고, 할아버지는 손녀를 위해 한 입씩 남기셨다. 언뜻 보아 할머니의 일방적인 헌신 같지만 그렇게 되기까지 할아버지야말로 평소 할머니를 분신처럼 아끼셨던 것이다. 두 분은 같은 해에 앞서거니 뒤따르거니 세상을 뜨셨다.

초인종이 울려 현관문을 여니 약속한 서비스 기사가 연장을 들고 서 있다. 깨끗하게 비운 냉장고를 점검하더니 센서를 교체해야겠다고 말한다. 나는 기계에는 문외한이라 그 말이 무슨 뜻

인지 막연하여 '새것으로 구입할 필요는 없겠느냐' 고 물어본다.

"5년 정도는 끄떡 없겠는데요. 그 때 교체하시죠."

이렇게 고마울 데가!

이 큰 덩치가 센서 하나의 교체로 살아날 수도 있단 말인가. 반대로 이 큰 덩치가 센서 하나의 고장으로 멈추고 말았다는 것인가. 하늘에서 떨어졌는지 땅에서 솟았는지 본 일도 없는 '센서' 에게 절이라도 하고 싶은 심정이었다. 그것은 아마도 사랑이나 배려, 혹은 자연이나 운명과 닿아있는 이치일 것이었다. 우리 삶이 언제나 헝클어진 실타래 같다가도 어느 한 가닥에 순리가 들어있었던 것처럼.

자줏빛 와인 바의 문을 여는 흰 드레스의 여인과 샘물에서 홍시를 건져 올리는 삼베옷의 외할머니가 번갈아 눈앞을 스쳐가는 아침나절이었다.

– 수필시대 2009 –

고택(古宅)에서 (1) - 느티나무 -

휴가를 맞아 시어머님을 모시고 간 곳은 제 3대 법무부장관을 지낸 벽진 이씨네 집이다. 지은 지 800년이 넘은 집으로 대지는 총 1,000여 평이다. 젊은 사람들은 도회지에 나가 살고 지금은 동곽댁이라고 불리는 시어머님의 친구이신 법무부장관의 며느리가 혼자 살고 있다.

동곽댁은 언뜻 보기에도 꼬장꼬장한 할머니로 150Cm가 채 못 되는 키에 체중은 40kg이 될까 말까하다. 사람은 나이가 들면 본래의 얼굴선이 무디어져서 표정이 흐려지거나 반대로 사나워지기 십상인데, 어찌 된 셈인지 그 분은 전혀 그러하지가 않다. 소녀의 얼굴선과 표정은 그대로 지닌 채 다만 좀 그을고 주름이 자글자글 생겼을 따름이다. 미숙한 분장사가 소녀를 할머니로 만들어 놓은 것과도 같이.

시어머님에 의하면 동곽댁은 안동 풍산 류씨 가문의 딸로서

소학교 때 이미 시아버님의 눈에 들어 중학교를 마치자마자 벽진 이씨 가문으로 시집오게 되었다. 시집은 왔지만 혼례 후 얼굴도 익히기 전 신랑이 바로 일본으로 유학을 떠나게 됨에 따라 시댁의 권유로 대구에 있는 경북고녀(현 경북여고)에 입학을 하게 된다. 거기서 3년 동안 내 시어머님의 가장 친한 친구가 되었는데, 층층시하 전통 있는 시집살이를 하느라 어찌나 결석이 잦았던지 요즘 같으면 유급이나 퇴학 처분 대상이었을 것이다.

졸업 후에도 그 때 그 동창생들은 하나같이 상류 사회의 마나님 노릇을 즐기고 있지만 문 밖 출입에 제약이 있는 맏 종부라 안부라도 나누고 지내는 친구라고는 나의 시어머님 한 분 뿐이라고 한다. 그래서인지 적조했던 끝에 만난 두 노인네는 연신 눈물을 글썽이며 마주 잡은 손을 놓을 줄을 모른다.

점심 식사 후 우리는 바람도 쐴겸 집 구경에 나섰다. 겉은 문화재에 걸맞는 모습이되 자식들이 우겨서 부엌도 고치고 보일러도 놓고 인터폰까지 설치해 두고 있다. 한 여인을 중심으로 한 벽진 이씨네의 현재와 과거가 공기처럼 숨 쉬어지는 공간을 돌아 중사랑에 이르렀을 때 동곽댁은 잠시 툇마루에 앉더니,

"딸네들이 오면 여기서 묵곤 하는데 …." 한다.

그 중에서도 특히 국립대학 사학과 교수로 있는 둘째 사위가

즐기는 곳이라 한다. 연유인 즉 둘째 사위는 공부하느라 유독 늦장가 든 노총각으로 신혼여행 간 사흘 동안 쉬임없이 신부를 공략하였으나 한 번도 거사를 치르지 못했다.

처가에서의 첫날 밤, 동곽댁이 남편에게조차 차마 말을 못 꺼내고 뜬 눈으로 밤을 지새우는 사이 중사랑에서는 희한한 일이 벌어졌다. 환경이 바뀐 둘째 사위가 갑자기 너무나 씩씩해져서 다음 날 아침은 새색시 얼굴이 환히 밝아졌다지 않은가. 그 후 둘은 2남 1녀를 둔 금슬 좋은 부부가 되어 처가에 올 때마다 특별히 중사랑을 선호하게 되었다고 한다.

중사랑 뒤로는 여우라도 나올 것 같이 숲이 울창하다. 자식들이 어렸을 때는 숨바꼭질을 즐겨하던 곳이었으나 손자들은 아무도 들어가 볼 엄두를 내지 못한다고 한다.

숲 한쪽 옆으로는 크고 넙적한, 사람의 힘으로는 들 수 없는 돌이 있는 것으로 보아 그 곳은 아마도 딸네들이 어렸을 때 소꿉장난하던 장소였음에 틀림없다. 어렸을 때 소꿉장난하던 돌로 된 밥상을 중년이 되고 노년이 되어서까지 만날 수 있다는 건 얼마나 큰 기쁨일까.

"저 나무 좀 봐. 부상병이 되었지."

동곽댁의 손끝을 따라 대숲 건너편을 보니 임진왜란을 견뎠다는 느티나무 한 그루가 하늘을 향해 우뚝 서 있다. 아름드리 큰 나무로 언제부터인가 한 쪽 가지가 썩어 들어가기 시작했다는데, 중사랑 지붕 위에 금방이라도 떨어질 것만 같아 아슬아슬하다.

한 때는 마을에서 당제를 지내기도 했던 나무인데 썩은 나뭇가지 일로 두어 차례 문중회의까지 열렸다고 한다. 전문가를 불렀으나 병이 너무 깊어 응급조치를 취할 수밖에 없고 경비만도 몇 백만원이 들었다는 것이다.

"베어버리지 그래. 집 망가지면 어쩔려고."

무심히 던진 친구의 말에 동곽댁은 화들짝 놀란 얼굴을 한다.

그 일은 아직 한 번도 염두에 두지 않았던 일로 다만 놀랍고 두려울 뿐이라는 표정이다. 자신의 의사와는 상반되는 무서운 가능성에 겁을 잔뜩 먹고 있음이 틀림없다.

느티나무는 이미 동곽댁에게는 나무 이상의 그 무엇이었던 것이다. 시집올 때도 젊었을 때도 생을 함께한 벗이었다. 이 집안의 모든 대소사와 슬픔과 기쁨, 아픔과 서러움, 하늘을 찌를 듯한 영광이 녹아있는 증인이었다. 문중 어른들께도 마찬가지였다. 젊은 날의 자부심, 패기, 분신과도 같은 거목인가 하면 지금은 죽음을 앞 둔 바로 그 자신들이었다.

동곽댁이 조용히 나무의 몸통을 쓰다듬는다. 나무는 말없이 가쁜 숨만 내쉬며 묵묵히 주인에게 몸을 맡기고 있다. 오랜 세월과 전쟁을 겪어낸 위용은 간 데 없고, 이제는 자연으로 돌아와 동병상련의 주인 앞에 서 있을 뿐이다.

동곽댁의 눈가에 물기가 고이기 시작한다. 그 작은 몸짓으로 나무를 껴안으려다 포기하고 만다. 나무는 이미 그녀 뿐 아니라 장정의 팔을 넘어선 지도 오래 되었다.

수건으로 가만히 눈가를 훔친다.

이제 그녀는 알고 있는 것일까.

지금 나무가 이별을 고하고 있는 것을.

그 분 자신이 애써 받아들이지 않으려 할 뿐.

90을 바라보는 연세에도 이별은 역시 낯설고 두려운 것이라서.

- 한국수필 2008 -

고택(古宅)에서 (2) - 눈썹담 -

처음 보는 주택에서는 이상하게도 담 모양을 눈여겨보게 된다. 집 주인의 성격이나 사람됨이 담을 통해 감지되는 경우가 많기 때문이다. 담은 이를테면 사람의 등과 같아서 앞모습에서 드러나지 않는 내밀한 그 무엇을 품고 있다. 누가 나에게서 등을 돌릴 때 그것은 나에 대한 거부를 의미한다. 담도 이와 다르지 않다. 담으로 인해 안과 밖이 구분되고 내 것과 남의 영역이 확연해진다.

지난 달 나는 지구상에서 가장 아름다운 담을 보았다. 경주의 양동마을에서다. 우리나라의 전통 가옥이 대부분 평지에 자리잡고 있는데 비해 양동마을 고택은 신분의 위계에 따라 자리가 다르다. 가장 위쪽에는 종가가 있는 반면 그 아래에는 지손들의 가옥이 단을 이루며 배치되어 있다.

규모 또한 아래로 내려올수록 점점 작아져서 맨 아래에는 외거노비가 기거한 가립집(초가)들이 있다. 내가 주목한 것이 바로 이 가립집의 눈썹담이다. 눈썹담은 흙담 위에다 빈 짚을 사용하여 여인의 눈썹처럼 곡선을 살려 이엉을 얹어놓은 담을 말한다. 비가 와도 담이 무너지지 않게 하기 위함이다.

해마다 가을걷이가 끝나면 농부들은 볏짚을 이용하여 집과 담의 지붕을 새 것으로 다시 얹는다. 평생을 가난 속에서 허덕이는 민초들은 올 한 해도 무사히 추수를 끝내게 됨을 감사하며 이제는 가족을 위해 자신의 담을 손질하는 것이다.

담 이엉을 얹을 때는 중앙에 도부룩하게 용마름을 엮은 다음 길이를 따라 양쪽에 시래기를 꿰듯 이엉꼬챙이를 만들어 끼우는 방법을 쓴다. 보기에는 쉬워 보이지만 전문가에 준하는 솜씨와 감각을 필요로 한다.

더러는 마음속으로 바로 위의 기와집 담을 비웃을 수도 있겠다. 그 집 담은 솔가지를 얹은 소깝담이다. 재물도 없이 콧대만 높은 양반네들은 변변한 일꾼조차 거느리지도 못하면서 노동조차 수치스러워하는 족속들이다.

아무도 몰래 뒷산에서 솔가지나 조금 꺾어 와서 집 담 위에 얼기설기 얹어놓고 지낸다. 그나마도 게으른 탓에 서너 해가 지

나도록 이엉을 갈지 않아 소깝담은 누렇게 변색이 되어 있다. 벼슬도 못한 주제에 양반이랍시고 거들먹거리는 것이 눈꼴시던 참에 새색시처럼 단장한 눈썹담과 비교하니 어깨가 으쓱해지고 몸이 근질거린다.

노인네처럼 뒷짐을 지고 갓 이은 눈썹담을 한 바퀴 돌아본다. 남자의 키로 가슴에도 채 못 미치는 높이다. 인기척을 보내기 위해 대문 쪽에서 벨을 찾을 필요도 없다. 안을 향해 주인을 부르기만 하면 금방이라도 버선발로 달려 나올 판국이다. 담이 안을 막는 것이 아니라 밖으로 외려 넓히고 있는 것이다.

용마름이 보여주는 곡선 또한 정겹기 그지없다. 누구라도 여인의 눈썹을 연상할 수밖에 없다. 이도령이라면 담장 앞에 점잖게 서서 춘향의 눈썹을 생각할 것이요, 방자라면 연신 안을 기웃거리며 향단의 눈썹을 떠올릴 것이다. 혹시 아는가. 서당에서 돌아오는 어느 양반댁 도령이 보리를 찧고 있는 순이의 댕기를 보고 가슴을 설렐지? 담으로 해서 인간과 사물이 막아지는 것이 아니라 오히려 이어지고 있는 셈이다.

조무래기들의 재잘거리는 소리가 들려와 뒤를 돌아본다. 근처 초등학교에서 수업을 파한 모양이다. 한 무리의 아이들이 왁

자하게 학교를 빠져 나오고 있다. 마을 앞 물 찬 논은 오수를 즐기며 모심기를 기다리고 달맞이꽃과 여린 풀들은 초여름의 햇빛과 장난 중이다.

멀리 설창산은 가슴을 드러내어 푸름을 자랑하는데 줄기를 타고 누운 크고 작은 고택들은 세월을 잠시 잊은 듯하다. 맨 아래, 가장 낮게 위치한 눈썹담 집은 경주 손씨의 먼 후손이 살고 있다. 문화재적인 역사와 가치가 상대적으로 적은 집이라 관광객들의 출입이 덜한 탓도 있을 것이다. 담 너머로 보이는 장독대가 주인의 손길을 탄 듯 유리알처럼 반들거린다.

한 사내아이가 담장 앞으로 오더니 엄마를 부르고 있다. 촌부가 나오더니 삽짝을 열고 아이를 맞아들인다. 아이는 곧장 방으로 들어가나 엄마는 종종 걸음으로 부엌을 향한다. 아이를 기다리며 햇감자라도 삶아놓았는지 모를 일이다.

고택(古宅)에서 (3) - 봉선화 -

건축에는 문외한인 내가 고택 답사팀에 끼게 된 것은 전적으로 운이 좋았던 탓이다. 나는 지금 청도군 임당리에 있는 내시(內侍)집을 보러 가는 중이다.

일행은 스무 명쯤 된다. 다양한 직업군의 모임이라 차가 움직이기 시작하자 쥐꼬리만한 상식들을 풀어 놓는다. 내시집의 외양과 구조에 대해 말하는 이도 있고 내시제도가 뿌리내릴 수밖에 없었던 사회적 배경을 이야기하는 이도 있다. 그 중에서도 의사인 J가 주목을 끈다. 내시의 종류와 수술 방법을 들고 나온 것이다. 참석자 대부분이 나처럼 무지하여 초보적인 질문이 많다. 버스 안에 간간히 폭소가 터진다.

K는 내시의 법적 권익과 사회적 지위를 주제로 삼는다. 70대의 원로 법조인답게 거침이 없다. 어려운 법률 용어를 피해가며 쉽고도 재미있게 이야기를 풀어나간다.

"내시도 공을 세우면 충신이 되고, 살인을 하면 살인자가 됩니다."

그런데 어찌할까. 버스에서 내려 집안에 들어선 순간 그 모든 유익한 정보들은 무용지물이 되고 만다. 오랜 세월 인적이 끊긴 흉가는 집안 곳곳에 검은 옷을 입은 저승사자들이 숨어있을 것 같이 어둡고 음습하다. 온 몸에 소름이 돋으면서 뒷꼭지가 오싹해진다.

우선 집의 구조가 특이하다. 규모는 모두 7동으로 안채와 작은채, 큰사랑채와 중사랑채, 사당과 두 채의 곳간으로 되어 있는데 눈이 머무는 곳은 중사랑채다. 중사랑채는 곳간 두 채와 더불어 안채와 'ㅁ' 자로 연결되어 있다.

건물의 방향은 임금이 계시는 북향이되 15도 각도로 어긋지게 쪽문이 나 있다. 양반댁에서는 쉽게 볼 수 없는 문이다. 쪽문을 열고 작은 마루로 나서면 북서향의 안채와 곳간이 한 눈에 들어온다. 소슬 대문 너머 첩의 집까지 내시의 시선 안에 있다.

더욱 놀라운 것은 중사랑채 판벽에 난 구멍이다. 이 구멍은 안채로 드나드는 사람을 감시하기 위해 만들어 놓은 것이다. 안채와 곳간이 연결되어 있으니 곳간으로 드나드는 사람 역시 감시의 대상이다.

시험 삼아 일행 모두가 차례대로 구멍에 눈을 대어 본다. 중문으로 웬 남정네가 안채로 들어서는 순간이 포착된다. 자세히 보니 남자가 아니라 일행 중 한 사람인 비구니 스님이다. 21세기의 젊은 비구니 스님은 등 뒤에서 우리가 엿보는 것도 모르고 안채와 곳간을 흥미롭게 둘러보고 있다.

중사랑을 버리고 안채 마당으로 내려선다. 평생을 통해 친정 부모의 사망 때만 바깥 출입이 허락된 부인들이건만 담은 일반 양반 댁보다 훨씬 높다. 'ㅁ'자의 마당에 서니 하늘마저도 네모지게 보이는데 아까부터 몸이 어깨 15도 각도로 기우는 듯하다. 어긋지게 난 쪽문 탓이다. 그 문을 통해 한참 동안 안채와 사랑채를 훔쳐보았더니 이제는 아예 몸이 한 쪽으로 기울어진 느낌이다.

누구던가. 몸이 마음을 만들고 마음이 생각을 다스린다고 했다. 죽을 때까지 한 남자만을 바라보며 감옥과도 같은 집에 사는 여인들에게 그 무슨 의혹이 있어 어긋진 쪽문이 필요했을까. 세상 모든 근원적인 번뇌와 고통을 짊어진 내시 여인들의 한 맺힌 생애가 파노라마처럼 그려진다.

안채 뒤로는 장독대의 흔적이 있다. 독은 없고 풀들만 무성하다. 버려진 장독대가 황량하고 쓸쓸하다. 조선시대 궁중내시로 봉직한 남편을 받들어 400여 년간 무려 16대에 걸쳐 내시가계를 이어왔다는 안주인들의 삶 또한 저러했으리라.

평생을 부부로 살면서도 운우(雲雨)의 정을 나눌 수 없고 늙어 의지할 자식마저 낳을 수 없으니 그 외롭고 서러운 세월을 어떻게 견뎌냈을까. 부부의 연으로 만났으나 진정으로 일심동체가 되지 못하는 그 기막힌 사정을 누가 알까. 야사에 의하면 내시여인들이 겪은 절망과 슬픔은 죽음에까지 이르게 한 일도 있었다고 한다. 장독대 옆 이끼 속에 묻힌 사금파리 몇 쪽이 여인들의 시리고 아픈 한을 말해주는 듯하다.

비구니 스님이 오더니 장독대 앞에 쪼그리고 앉는다. 어지러운 풀 더미 속에 봉선화 몇 송이가 오롯하게 피어 있다. 그 옛날 이 집 곳간이 가득차고 큰 사랑에 손님이 끊이지 않았던 시절 여인네들의 말동무가 되었음직한 꽃이다.

"손톱에 물들이시게요?"

짐짓 농을 건네는 나의 말은 들었는지 못 들었는지 젊은 스님은,

"봉선화의 꽃말이 무엇인지 아세요?" 한다.

봉선화의 꽃말이라니? 봉선화도 꽃말이 있었던가?

"나를 건드리지 마세요, 랍니다. 이 집에 어울리지 않나요?"

스님이 봉선화의 잎을 가볍게 건드린다. 그러면서 혼잣말인 듯 중얼거린다. 이 댁 여인들도 손톱에 봉선화 물을 들였을까 ….

내시의 여인들이 손톱에 봉선화 물을 들였는지 어땠는지는 알 도리가 없다. 그것은 세월 따라 어김없이 씨를 뿌려가며 빈 집을 지켜온 봉선화만이 알 일이다.

다만 나는 스님의 그 말을 듣는 순간 번개처럼 떠오르는 한 마디를 상기했다. 인간은 동물적인 욕구와 높은 정신적 이상을 동시에 가진 다층구조의 존재라고 하던 것을 ….

이 답사를 처음 시작할 때는 '특이한 집' 혹은 '재미있는 집'에 대한 호기심 때문이었다. 그러나 김씨 고택은 내게 더 이상 특이하거나 재미있는 집이 아니었다. 장독대 옆에 봉선화가 처량하게 피어 있는 집이었다.

퐁피두 광장에서

한 여름의 파리는 거대한 물결이다. 대부분의 시민들이 더위를 피해 썰물처럼 파리를 빠져나가는 대신 관광객들이 밀물처럼 몰려들기 때문이다. 덥다고 해야 낮 최고 기온이 26도… 27도이다. 그 정도만으로도 각 TV나 라디오에서는 살인적인 더위라고 호들갑을 떠는데, 정작 거리에는 나무도 많고 바람도 높아서 마냥 쾌적하기까지 하다.

배낭을 멘 관광객들의 옷차림이 수수한 반면, 파리 시민들은 너무 더워 옷 같은 건 제대로 입을 수가 없는 모양이다. 여자들은 아예 브레이저 상의(허리와 배 등이 노출되는 옷) 차림이고, 청년들은 그나마도 훌훌 벗어 던지고 있다. 그런 중에도 개성파는 검정색 가죽점퍼를 엄숙하게 걸치고 있고, 우아한 멋쟁이는 긴 원피스에 낮은 구두를 단정히 신고 있기도 하다. 어느 누구도 남의 시선에 구애받지 않는 탓으로 하루 온 종일을 서 있어도 비슷하거나 같은 차림은 찾아보기 어렵다.

파리 한 복판에 자리 잡은 퐁피두(Pompidou) 광장은 말 그대로 시민들을 위한 광장이다. 저녁 무렵이 되면 사람들은 보고 싶거나, 하고 싶거나, 듣고 싶어 배길 수 없는 그 무엇 때문에 무리를 지어 이곳으로 모여든다. 순식간에 광장은 온통 종합문화센터가 되어 버린다.

한 쪽에서는 중년의 백인들이 일본 제품이 좋은가, 독일 제품이 좋은가로 격렬한 토론이 벌어진다. 바로 그 옆에서는 아랍인과 백인이 실업자 문제로 침이 튀고, 또 바로 그 옆에서는 줄어들고 있는 인구 문제를 자국인들끼리 무거운 얼굴로 걱정하고 있다.

서로가 너무 심각하고 진지한 나머지 바로 옆에서 무슨 언쟁이 벌어지는 지도 모르고 있는 가운데 저쪽에서는 흑인 한 명이 홀연히 서서 색소폰을 불고 있다. 남미 쪽의 음악 같은데 애수가 느껴진다. 옆에 앉은 백인 여자는 세상이 온통 자기 것인 양 음악에 취해 연신 담배를 피워대고 있다.

색소폰 주자와는 어떤 관계일까.

음료수를 권하며 키스를 나누는 걸 보아 연인이 아닐까.

갑자기 반대쪽에서 시끌시끌한 소리가 나서 보니 일단의 동양인 5인조 그룹이 드럼을 치고 북을 치며 노래를 부르고 있다.

음악이라기보다는 차라리 비명에 가까운데 옷을 거의 입지 않은 그 젊은 그룹은 요즈음 한참 유행하는 팝송으로 사람들의 갈채를 받아내고 있다. 노래 사이사이 아우성인지 절규인지 고함을 지르는데 관중석에서도 휘파람과 괴성으로 답해주고 있다. 밉지는 않지만 부담스럽기도 하여 다른 쪽으로 시선을 살짝 돌릴라치면 아뿔싸, 당신은 그만 그들에게 시선을 붙잡히고야 만다.

양손에 갖가지 색실을 든 아랍인들이다. 머리카락 속에 빨강, 파랑, 노랑의 수실을 넣어 여러 갈래로 예쁘게 땋아 주겠다는 것이다. 백인들의 머리는 땋는 법이 거의 없기 때문에 그것을 대단히 신기하게 여기는 점을 이용하여 아랍인들은 광장 한 귀퉁이에 자리를 펴 놓고 백인이나 동양인들을 유인, 돈벌이에 나서고 있다.

바로 그 옆은 초상화를 그려주는 곳.

몽마르뜨르나 각 지방에서 흘러 들어온 화가들이 돈을 받고 초상화를 그려 주고 있다. 캐리커처는 30유로선, 정밀화는 그보다 조금 더 비싸다. 유럽의 화가들이 주류를 이룬다. 시선을 일단 잡았다 싶으면 온 몸으로 자기가 얼마나 대단한 예술가인지를 설명하기 시작한다. 고객은 주로 여자들이다. 금발의 백인 여자는 마릴린 먼로처럼 가슴을 앞으로 내밀고 있고, 남미의 어느 여자는 굳이 옆 모습을 그려 받겠다고 우기고 있다.

다시 저 쪽은 불꽃놀이를 하는 흑인.

불을 뿜어 하늘로 치켜 올리기도 하고 시선을 모아 입 안으로 먹어 보이는 솜씨. 벗어 붙인 윗몸은 온통 땀으로 번들거리는데 그 옆의 또 다른 흑인은 넥타이까지 멘 말쑥한 차림으로 곤봉게임을 해 보이고 있다. 다섯 개의 곤봉을 두 팔과 두 다리로 들어 올리는 게임인데 멋 내느라 뒤꿈치와 팔꿈치까지 동원하고 있다.

이제 광장 한 복판에는 머리 긴 기타리스트다. 녹색 티셔츠에 벽돌색 바지 차림이다. 갈색의 머리카락이 부드럽게 웨이브 진, 선량한 얼굴의 전형적인 프랑스 젊은이다. '알함브라의 추억' '엘리자를 위하여' '금지된 장난'을 그럴 수 없이 진지한 얼굴로 연주하는 모습은 벼르고 벼르던 끝에 가진 첫 콘서트를 연상케 한다. 곡 하나가 끝날 때마다 조금은 수줍게 쑥스러운 미소를 지어 보이고 ….

무서울 정도로 뚱뚱한, 그러나 함박웃음을 띈 털보 아저씨가 나오더니 무언가를 젊은이에게 중얼거리고는 돌아간다. 신청곡인 모양이다. 큰 눈을 치켜 뜬 젊은이가 고개를 끄덕이며 줄을 퉁겨 이런 곡이냐는 듯이 확인을 한다. O.K.

털보 아저씨는 아마 미국인이었던 모양이다. 누구라도 기분이 썩 좋거나 나쁠 때면 자기 나라 말이 불쑥 나와 버리는 것이다.

젊은이는 웃으며 연주를 시작한다. 코드를 여럿 사용하는 아주 난해한 곡이다. 현대곡인 모양이다. 털보 아저씨의 으쓱한 모습. 관중들도 일제히 몸을 들썩거린다. 연주자와 관객이 일체가 되는 순간이다. 아무리 봐도 허름한 서민의 차림인데 이렇게 난해한 현대 곡을 거리낌 없이 신청하고 있는 것이다.

그것도 다름 아닌 거리의 악사에게 ….

어디선가 마이크에서 'Hey. Judy' 가 나오고 있다.

청바지 차림의 미국인 젊은이가 기타를 치며 노래를 시작하는 모양이다. 이제 사람들은 아예 바닥에 주저앉았다. 편한 자세로 길게 눕기도 하고, 애인에게 안긴 채 눈을 감고도 있다. 자기 집 안방에 앉아 있는 듯한 편한 모습이다.

소시지와 캔 맥주를 마시는 사람도 있고, 넋을 잃고 햄버거를 들고 있는 사람도 있다. 노래를 참 잘 하는 젊은이다. 몸도 별로 흔들지 않고 노래에만 열중하는데 청중의 마음을 휘어잡는다. 스무 줄, 서른 줄로 모여드는 사람들. 더러는 숨죽이다가, 박수치다가, 한숨 쉬다가 ….

밤은 점점 깊어가고 파리의 하늘에는 별이 돋기 시작한다.

토론을 벌이던 사람들은 어떻게 되었을까.

광장 한 쪽에 설치된 계기판의 숫자도 어느새 하루만큼 줄어들고 있다. 정부가 2008년을 기점으로 몇 시간, 몇 분, 몇 초가 남았는가를 시민들이 볼 수 있게 설치해 둔 것이다.

이제 올해도 얼마 남지 않았다.

– 한국수필 2008 –

틈

아들이 모처럼 휴가를 받아 집에 왔다. 전공의(專攻醫) 과정이라 주말에만 잠깐씩 틈을 내어 집에 들르곤 하던 참이다. 1년만의 휴가라고 여간 좋아하는 것이 아니다. 밀린 잠도 실컷 자고 친구들도 만나야겠다고 연신 빙글거린다.

나 또한 모처럼 아들을 품는 재미가 쏠쏠하다. 집 안에 청년이 있다는 것은 얼마나 큰 행운인가. 어른들하고는 숨 쉬는 공기층부터 다르다. 젊은이답게 며칠 만에 집안 분위기를 확 바꿔 놓는다. 컴퓨터를 열어 버릴 것과 보관할 것을 정리하는가 하면 멈추어진 시계도 건전지를 넣어 살린다. 말썽 피우는 전구는 시원스럽게 갈아치우고 조금 높은 듯한 그림 액자도 바로 잡아 다시 건다.

사흘이 지났을까. 아들이 외출한 사이 벌레박멸회사에서 사람이 왔다. 아들이 근무하는 종합병원 용역회사라고 한다.

나는 실소를 금치 못했다. 어제 식탁에서 저녁을 먹는데 바퀴벌레 한 마리가 나왔던 것이다. 오래된 아파트라 아주 가끔 그런 일이 생겼다. 자체 내에서 용역회사를 선정해 관리를 해 오고 있는데도 아파트 특성상 완벽하게 되지는 않고 있었다.

아들은 그것을 틈 때문으로 판단했다. 집안에서 아무리 철저하게 관리를 해도 천정이나 벽의 갈라진 틈을 이용해서 밖으로부터 바퀴벌레가 들어올 수밖에 없다는 것이다. 우리 쪽에서 바퀴벌레가 들어올 틈을 주고 있었다는 얘기다.

틈 제거 작업이 시작되었다. 용역회사에서 나온 사람은 전문성을 가지고 집 안 구석구석을 꼼꼼하게 살핀다. 무언가를 찢어 붙이기도 하고, 약 같은 것을 바르기도 한다. 풀에 재운 종이 같은 것을 조그맣고 둥글게 말아 구멍을 막기도 한다. 단 한 마리의 벌레도 용납하지 않겠다는 비장한 결의가 보인다. 한 여름에 의자 위에 올라서서 높은 곳까지 작업을 하면서도 땀 한 방울 흘리지 않는다. 대단한 사람이다. 빈 틈 없는 사람이다.

나는 그 모양을 왠지 아득한 느낌으로 바라본다. 나의 온 몸 땀구멍이 하나, 둘씩 막아지는 느낌이랄까. 피부 표면 위로 시멘트가 발라지는 기분이랄까.

이제 우리 집은 개미 새끼 한 마리도 들어올 수 없는 깨끗한 집이 되었다. 모든 통로, 모든 수단이 폐쇄되었다. 철없는 개미나 심심한 바퀴벌레가 예전 생각하고 담을 넘었다가는 낭패를 보게 될 것이다. 담장에 쳐진 테이프에 붙어 숨이 막혀 죽거나 약에 취해 생을 마감할 수밖에 없다. 행여 다른 마음을 먹는 일도 삼가는 게 좋다. 보다 강력하고 효율적인 방법이 강구될 것이다. 인간은 늘 그들을 지배해 왔다.

외출에서 돌아온 아들이 작업 상태를 살피더니 만족해한다. 열린 창문까지 닫고 에어컨을 튼다. 고층 아파트라도 모기·나방이 들어오기 쉬우니까 낮에도 문을 닫아두라고 한다. 허긴 에어컨을 위해서라도 문을 꼭 닫을 수밖에 없다. 집 안 깊숙히 유폐된 기분이다.

아들이 컴퓨터를 켠다. 스타크레프트다. 그가 특별히 좋아하는 컴퓨터 게임이다. 나는 전부터 게임 속의 장정들이 벌레같이 생겼다고 비난해왔다. 적군 아군으로 나뉜 벌레들이 창을 들고 찌르고 피를 흘린다. 그가 사랑하는 그의 벌레들이다.

아들은 가상의 벌레들을 좋아한다. 외출에서 돌아오면 컴퓨터부터 켜서 벌레를 우루루 불러놓은 후에야 옷을 벗기 시작한다. 바짓가랑이를 빼면서도 눈은 연신 벌레를 쫓는다. 벌레 역시 아들과의 소통을 즐기는 것처럼 보인다. 거침없이 찌르고 넘어져 보이는 폼이 잘 훈련된 병정들 같다.

팔이 스멀스멀 가려워지기 시작한다. 알레르기성 가려움증이다. 컴퓨터 속의 벌레들을 볼 때마다 나타나는 현상이다. 살아있는 벌레들은 아들을 분노하게 하고 게임 속의 벌레들은 나를 가렵게 한다. 아들은 살아있는 벌레들을 적대시하고 나는 가상의 벌레들을 경계한다.

그런데 나는 어찌할까. 아들의 벌레를 무찌를 방도가 내게는 없다. 인터넷의 틈은 막을 도리가 없기 때문이다. 그것은 하늘 위에 있거나 땅 속에 있는 세계다. 너무 높거나 너무 낮은 세상이다. 약을 바른 들 무얼 찢어 붙인 들 구멍을 막은 들 소용이 없다.

아들이 컴퓨터의 볼륨을 높인다. 클라이맥스가 된 것이다. 엄마는 어지간하면 비켜달라는 신호 같기도 하다. 그는 온전히 컴퓨터 속의 벌레들과만 놀고 싶어 안달이 나 있다. 내가 모르는 황홀한 세상이 거기에 있다. 나의 손이 닿지 않는, 내가 추구하는 가치가 작용하지 않는 낯선 세계다.

가려움증이 점점 달아오르기 시작한다. 오늘 유난히 증상이 심한 것은 내 마음이 고르지 못한 탓이다. 온 집을 틈 하나 없이

밀폐시킨 상태에서도 활개치고 다니는 그의 벌레들 때문이다. 약국 가서 약을 좀 사먹어 볼까. 병원 가서 주사를 한 대 맞아야 하나. 눈치 봐서 의견을 물어 보려는데 아들이 불쑥 한 마디 던진다. 왜 자꾸 긁으세요. 샤워하시죠. 나는 이미 그에게서 한참 밀쳐져 있다. 방해꾼이 된 것이다. 긁던 팔을 거두고 조용히 그의 곁을 물러난다.

목욕탕 문을 열다가 깜짝 놀랐다. 벌레의 울음소리인지 노랫소리인지가 배수구 쪽에서 들려왔던 것이다. 귀뚜라미다!

세상이 재미있는 것은 바로 이 의외성 때문이다. 아들이 추천한 전문가가 배수구의 틈을 놓친 것도 뜻밖이고 아직 한여름인데 어디선가 귀뚜라미가 나타난 것도 놀랍다. 부주의와 조급함이 환상적인 듀엣을 이루지 않았는가.

아니다, 어쩌면 틈이란 막아야할 때도 있지만 방치함으로써 제 기능을 수행할 때도 있는 것이었다. 배수구의 틈은 막을 수 없는 틈이었던 것이다. 전문가이므로 그는 그것을 잘 알고 있었을 것이다. '틈' 이 왜 '틈' 인가. '트임' 이기 때문이 아니던가.

나는 황급히 목욕탕 문을 닫았다. 집안에 있는 아들은 위험인물이다. 귀뚜라미의 출현을 눈치 챈다면 바퀴벌레나 개미의 전령사로 오해할 것이다. 용역회사에 전화를 걸어 충실치 못한 작업을 항의할 지도 모른다. 내일 한 번 더 마무리 작업을 요구할 수도 있다.

다행히도 그는 지금 한창 그의 방에서 사랑하는 벌레에 몰두해 있다. 그는 주로 가상의 벌레들과 친하고 그것들과 즐거움을 나누는데 열중한다. 자기의 생활에 방해가 되지 않기 때문이라고 한다. 자기 원하는 시간에 자기 마음대로, 자기 방식대로 사랑할 수 있어 편리하다고 말한다. 나는 아들의 이기적인 사랑을 걱정한다. 배려가 없는, 연민이 없는 사랑을 사랑이라 할 수 있을까.

샤워기를 약하게 틀어 배수구에 가만히 걸쳐놓는다. 귀뚜라미에게 집 안에 '누군가 있음'을 연통한 것이다. 녀석이 나의 담합 제의를 눈치 챈 모양이다. 울음을 그치니 순식간에 목욕탕 안이 조용해졌다. 머리가 좋은 녀석이다. 적군, 아군의 개념이 서 있지 않은가.

신기한 것은 나의 가려움증이다. 귀뚜라미를 본 순간 나의 가려움증은 사라지고 말았다. 스트레스성의 특징이다. 언제 그랬더냐싶게 팔뚝이 말짱하다. 살아남은 '틈' 하나가 치료 역할을 한 셈이다.

"어머니 저 나가요. 친구 만나요."

아들의 외출이 이렇게 반가울 줄이야. 시간은 나의 편이 되어 줄 모양이다.

"응, 그래, 잘 다녀와."

나는 밝게 답하며 샤워기를 잠가 제 자리에 건다. 에어컨을 끄고 집 안의 문을 있는 대로 열어젖힌다. 컴퓨터에서 그의 벌레가 사라지니 속이 다 후련하다.

이제 곧 나의 귀뚜라미가 울게 될 것이다.

'트임'을 통해 힘차게 울어 젖힐 것이다.

– 수필세계 2010 –

백운동 연가

"물 뜨러 왔구만. 비 그치기 바쁘게 왔구만, 엉?"

백운동 아줌마는 만면에 웃음을 띠며 나를 반긴다. 작고 마른 몸매에 중년에 접어든 여인네다. 웃는 얼굴은 잔주름 때문에 구겼다 펴 놓은 신문지 조각 같다. 경상남도와 경상북도의 경계선이 되는 가야산 줄기. 그 높은 산허리에 물줄기를 대어 놓고 생수 받는 사람들을 상대로 칼국수, 파전, 순두부 등을 팔고 있다.

가게는 따로 없다. 허름한 트럭을 개조한 것이 전부다. 두부거나 야채거나 손수 만든 것들이다. 음료수 몇 가지도 역시 잔주름이 거미줄 같은 남편이 직접 사 댄다. 금슬이 좋은 부부다.

"아줌마. 나, 칼국수."

하면, 남편이 말없이 반죽을 시작한다. 노련하게, 밀가루에 한없는 애정을 가지고. 음식점에서 하듯 한꺼번에 국수를 만들어 놓는 것이 아니다. 그 때 그 때 주문 생산이다. 반죽이 끝나

홍두깨로 밀려는 순간 아줌마는 잽싸게 반쪽을 뚝 떼어 놓는다. 내가 언제나 반 그릇을 원하기 때문에 마르지 않게 미리 떼어 놓는 것이다. 간섭 없이 남편이 하는 대로 방임하다가 결정적인 순간에 지배자의 권한을 행세하는 셈이다.

끓이는 것은 물론 아줌마 몫이다. 그러나 듬성듬성 호박을 썰어 넣는 것도 남편이고, 아내가 딴 손님의 주문을 받는 동안 국수가 붙지 않게 젓는 것도 남편이다.

드디어 남편이 불을 줄이면 아내는 국물을 떠서 맛을 점검 한다. 됐구만.

나는 플라스틱 의자에 앉아서 국수를 먹기 시작한다.

"희한하제. 고것도 음식이라고 먹는 거 보믄."

습관적으로 식사량이 적음을 이해하려 들지 않는 아줌마는 나의 반 그릇에 결정적인 불만을 품고 있다.

"사람은 먹새가 좋아야 하는 긴데."

또 잔소리. 개도 음식 먹을 때는 구박 안 한다는데. 그러나 나는 다소곳이, 주의 듣는 아이처럼 국수를 건져 올리고 국물을 들이킨다. 세상 천지에 아줌마 눈에 이상하지 않은 것이 어디 있을라고…. 그저께는 파전 하나 부쳐 주고는 다 먹을 때까지 이상해서 견딜 수 없는 이야기를 늘어놓았다.

"시상에(세상에), 내 야기(얘기) 좀 들어 보라고. 저 쪽 산 밑에서 흰 바지 입고 국수 먹는 여편네 있제? 저 여편네가 이번에 팔자를 고쳤는디 서방 나이가 일흔 둘이라고 안 하는가베?"

어깨까지 움츠리며 키득키득 웃는데 작은 눈은 아예 자취를 감추고 가느다란 실만이 두 줄 곰실거릴 따름이다.

어느 쪽이 이상하단 말이에요? 남자? 여자? / 다 이상하제. 하모. 영감탱이가 새파랗게 젊은 기집을 / 사내라고 생긴 건 죄 다 도둑이라면서요? / 기집도 미쳤제. 우짤라꼬 늙은 영감한테 그러까? / 부잔가 보죠, 뭐 / 하모! 기집은 죄다 야시(여우)라니께.

우리는 스핑크스의 수수께끼라도 푼 사람들처럼 마주보고 호호 웃었다. 손으로는 연신 나무새를 다듬으면서도 눈으로는 경남, 경북을 죄다 훑으며, 입으로는 부지런히 수수께끼를 푸는 여인.

"커피 주까? 물 끓는디."

"이따가요. 생수 받고 나서."

"호텔 가서 마실라 그라제? 누가 모릴 줄 알고?"

듣고 있던 남편이 퉁명스럽게,

"놔 두어 좀. 온 김에 온천도 하고 커피도 마시면 좋을 거 아녀?"

몇 해 전 가야산에 국민 호텔이 생겨 온천도 되고 커피도 마실

수 있게 되었는데, 이것이 아줌마를 영 불편하게 하는 모양이다.

"이 댁은 온천 안 한단 말여. 뭘 대체 모리면서."

"그래도 커피는 맛 날거 아녀?"

"비싼 거는? 사천 원이나 하는디?"

노골적인 질투에,

"그래요. 물 받고 나서 여기 와서 마실게요."

지갑을 들고 물 받으러 가려는 순간,

"임자, 빨리, 빨리, 빨리 …."

부부는 잽싸게 트럭에다 그릇들을 챙겨 넣더니 남편이 시동을 걸고 쏜살같이 달아나기 시작한다. 단속반이 들이닥친 것이다.

그들 가게가 트럭인 것은 자연 발생적이라 할 수 있다. 이렇게 기동력 있는 도피가 또 어디 있을 것인가. 남편은 감쪽같이 차를 몰고 가 버리고, 아내는 활짝 웃는 얼굴로 단속반에게 다가간다. 외교관들이 노련하게 협상 테이블에 앉듯이, 정객들이 환담을 나누며 골프에 열중하듯이, 그들은 드디어 비즈니스에 임하게 되는 것이다.

나 역시 편안한 마음으로 물을 받기 시작한다. 어디에서, 얼마나 멀리서 이 물이 흐르기 시작했는지 나는 알지 못한다. 또한 나는 이 물이 나에게 오기까지 얼마나 깊은 사랑과 슬픔을 겪었는지 알 지 못한다. 세월이, 이 물이 겪었을 세월이 나의 세월과 어떻게 인연이 닿았는 지도 알 지 못한다. 그저 묵묵히, 시간에 적응하여 흐르는 물을 받을 뿐이다.

"비지(두부찌꺼기) 좀 주까? 아랫 동서가 방금 가져 왔는디."

목소리가 들려 뒤를 돌아보니 거짓말 같이 트럭이 다시 열려 있고, 커다란 양푼에 비지가 모락모락 김을 뿜고 있다.

"용하시네. 해결 잘 되신 모양이죠?"

"하모. 다 방법이 있제."

아줌마가 의기양양하게 웃는데, 알프스를 점령한 나폴레옹의 폼이다. 하모, 우리에게는 언제나 정복할 산이 있으니 …, 그녀야 말로 위대한 개선장군임에 틀림없다.

"가르쳐 주실래요? 나도 좀 써 먹게."

"비밀이제. 고런 건 다 비밀이라니께."

웬 일인지 아줌마가 얼굴을 살짝 붉힌다. 나는 웃고, 잠자코 물 받는 일을 계속한다. 비밀이라면 나에게도 비밀이 있다. 구태여 그녀의 비밀을 알 필요가 없는 것이 나의 비밀이다. 나에게는 트럭 몰고 달아나 줄 남편이 없는 것이다. 그는 일찌감치 그 일을 피해 세상을 뜨고 말았다. 나는 끝내 그 일을 밝히지 않을 것이다. 비밀은 역시 비밀이니까.

그들의 소풍

이주 여성들에게 한국어를 가르치고 있다. 학습자는 일본, 중국, 베트남, 캄보디아, 필리핀에서 온 주부들이다. 올 여름 방학에는 동해안으로 소풍도 함께 가게 되었다. 남편, 아이들도 합류하여 교사들까지 모두 50여 명이다.

한 여름이라 바깥 날씨는 무더운 데도 버스 안은 시원하고 쾌적하다. 일행은 너, 나 없이 팍팍한 삶에서 잠시나마 벗어나는 즐거움으로 들떠 있다. 나름대로 멋도 내고 밝은 얼굴들이다. 주부들은 가족 단위로 앉고 싶어하는 눈치지만 무심한 남편들은 자기들끼리 모여 앉아 회포를 풀고 싶어한다. 특수한 가족 구성원을 거느리고 있는 처지라 나름대로 동류의식이 강하게 작용했으리라.

버스가 마악 출발하려는데 뒤쪽에서 “잠깐만요. 아조씨, 잠깐만요.” 외치는 소리가 들린다. 일본 여성 히로미다. 그녀는 ‘아저씨'를 '아조씨'로 발음한다. 내가 깜짝 놀라 왜 그러느냐고 물으니, 바깥을 연신 가리키며 아이를 안고 버스에서 황황히 내린다. 시어머니가 그녀를 붙잡으려고 뒤쫓아 온 것이다. 일제히 목을 내밀어 창밖을 본다. 시어머니가 히로미의 머리를 사정없이 쥐어박는다. 소풍은 무슨 소풍, 일손이 딸려 미치겠구만. 결국 히로미는 시어머니한테 끌려가고 만다. 남편은 왜 같이 안 왔느냐고 물었을 때 "그냥 좀 바빠서요 …" 하더니.

감포에 도착하니 차 안에서 환호성이 일어난다. 바다가 펼쳐져 있는 것이다. 차 안에서 토막잠을 즐기던 주부들은 말괄량이 소녀들같이 일제히 바다에 뛰어든다. 3년 만에 바다를 보았다는 이도 있고 5년 만이라는 사람도 있다. 주부들은 바지를 적시며 물놀이에 정신이 없다. 순식간에 아이들은 아빠 담당이 되어 얕은 물가에서 뛰어놀기 시작한다.

해변에 앉아 주부들 차지가 된 바다를 바라본다. 자연이 얼마나 경이로운가. 첫 해외 경험에서 나는 그 곳 바다가 내가 늘 보던 바다여서 감동했었다. 10시간도 넘게 비행기를 타고 갔음에도 하늘과 들꽃과 바다가 그대로인 것이 눈물겨웠다. 마치 내가 자연을 데리고 다니는 것 같기도 하고, 그들이 나를 안고 그곳까지 가 있기라도 한 것 같았다. 지금 저들이 저렇게까지 바다에 환호하는 것도 고국의 바다를 보았기 때문이 아닐까. 고국에서 봐오던 바로 그 바다라서 낯설지 않고 긴장되지 않고 편안한 것이 아닐까. 저들의 마음은 어느새 고국으로 달려가고 있으리라.

"선생님 커피 드세요."

언제 왔는지 판티앙이 커피를 들고 서 있다. 베트남 여성이다. 키가 크고 덩치도 클 뿐 아니라 성격 또한 활달하여 수업 분위기를 잘 이끈다. '한국 생활에서 어려운 것' 에 대한 글짓기 시간에 주정뱅이 남편이나 치매 걸린 시어머니 얘기를 쓸 줄 알았더니 뜻밖에도 '명절음식을 직접 만들 수 없는 것' 이라고 하여 인상적이었다. 명절만 되면 그녀는 일찌감치 시댁에 가서 나물 다듬고 전 거리도 챙겨놓는데, 뒤늦게 나타난 손윗 동서와 시누이들이 아이들이나 돌보라고 하는 모양이었다. 작년에도, 재작년에도 그녀는 조카들만 돌보았다고 했다. 친조카, 사촌조카들 데리고 집 뒷산에 올라갔더니 눈물이 나더라고 쓰여 있었다.

"선생님. 저기, 저게 뭐지요?"

아이 하나가 바닷물에 빠져 허우적거리고 있다. 우리들 중 누군가의 아이임에 틀림없다. 판티앙이 총알같이 튕겨나가고, 술 먹던 남편들이 달려 나오고, 구조대원이 바다에 뛰어든다.

아이는 다행히 무사했다. 판티앙의 여섯 살 난 아들이다. 아빠가 아들을 돌보지 않고 술 마시는 동안 밖으로 나와 물장난하다 빠졌다고 한다. 남편은 판티앙 보다 열 일곱 살이나 나이가 많은 데다 알콜 중독자다. 지금 그는 자기 아들이 바다에 빠져 죽을 뻔했는 데도 술에 취해 해롱거리며 다른 사람에게 수작을 걸고 있다. 판티앙이 소매를 걷으며 남편에게로 다가간다.

"얏! 이 걸레 같은 놈!"

어디에서 그런 힘이 솟았는지 알 수 없다. 흥분한 그녀가 남편을 쌀가마처럼 들쳐 매더니 바다를 향해 힘껏 던져 버리고 만다. 사람들이 놀라 아우성치며 우루루 바다 속으로 뛰어든다.

돌아가는 버스 안.

이번에는 아예 가족 단위로 좌석이 배치되었다. 익사 소동 끝이라 버스 안에는 무거운 침묵이 감돌고 있다. 일행은 모두 지친 얼굴로 자는 지 마는 지 눈을 감고 있다. 판티앙만이 두 눈을 부릅뜨고 아들을 무릎에 뉘인 채 남편에게 어깨를 내어 주고 있다. 부자(父子)는 깊이 잠들어 있다. 언제, 무슨 일이 있었냐는 듯 더 없이 편안한 얼굴이다.

갑자기 '꺼이, 꺼이' 신음소리가 새어 나온다. 판티앙이 온 몸으로 내는 분노에 찬 울음소리다. 슬픔도 전염이 되는 것일까.

자는 듯이 보였던 일행이 하나씩 둘씩 흐느끼기 시작한다. 가슴속에 꾹꾹 눌러둔 저마다의 설움이 봇물처럼 터져 나온다. 삽시간에 버스 안이 울음바다로 출렁인다.

젖어오는 눈을 들어 창 밖을 내다본다. 멀리 금오산이 그림처럼 펼쳐져 있다. 빈 하늘엔 구름 몇 점이 한가롭게 떠 있다. 날씨가 어찌나 화창하고 맑은 지 구름 위에 산이 솟아있기도 하고, 산 위에 구름이 걸려 있기도 하다. 저 구름은 이들의 슬픔을 알까. 이역만리 타지에 시집 와서 민들레 홀씨처럼 고독하게 흩어져 사는 이들의 아픔을 알까.

버스가 시간에 쫓기는지 속력을 내기 시작한다. 힘들고 고달픈 하루도 석양을 등지고 저물어 간다.

– 현대수필 2009 –

개나 소를 위하여

〈개나 소나 콘서트〉!

음악회의 이름치고는 기발하고 생소하고 낯설어서 눈길을 끈다고 할까. 한여름 열대야에 잠 못 드는 사람들에게 농(弄)을 치고 장난과 웃음으로 짜증을 확 날려 버릴 것 같은 느낌이 오지 않는가.

친구들과 말복 날 청도에서 열리는 〈개나 소나 콘서트〉에 가기로 했다. 일행은 모두 4명이다. 차 한 대로 자리가 복잡하지는 않으나 2명이 데리고 온 개 때문에 조금 어수선하다. 개들은 한껏 모양을 내고 나왔다. 털도 깨끗이 다듬었거니와 한여름인데도 불구하고 옷맵시까지 각별히 신경을 썼다. 머리 부분을 살짝 염색한 개도 있다.

염색을 시킨 주인은 연신 개의 머리를 쓰다듬으며 철이 아니라서 트랜치코트를 못 입혔음을 아쉬워한다. 지난 가을 나는 그

개가 체크 무늬의 트랜치코트를 입고 공원 벤치에 앉아 사색에 잠긴 모습을 찍은 사진을 본 일이 있다. 친구는 그 사진에다 〈가을 남자〉라는 제목을 붙여 놓았다. 시츄라는 종자이다. 개 중 가장 지능이 낮은 것으로 알려져 있다.

다른 한 친구는 집에 두고 온 나머지 개 두 마리를 걱정한다. 임신하면 안 되는 종자들이라고 한다. 아무도 없는 사이 눈이 맞아 버릴까봐 온 식구가 감시를 해 왔는데 오늘따라 모두 집을 비우게 되었다는 것이다. 친구는 여러 경우를 상상하며 전전긍긍하는 눈치다.

날씨가 좋다. 연 이틀 비 온 끝이라 하늘이 맑고 청정하다. 말복이라고는 하지만 저녁 시간이다. 산으로부터 넘어오는 바람이 제법 서늘하다. 음악당 주변이 야산이었던 모양이다. 무대를 중심으로 관중석이 잔디로 덮여 있어 돗자리 깔기에도 안성맞춤이다.

청도뿐 아니라 대구 경북의 내로라하는 개들은 총 출동하지 않았을까. 하얀 개, 노란 개, 복슬 개, 날씬 개가 저마다의 개성을 뽐내며 돌아다니고 있다. 하나같이 혈통이 좋거나 미모가 출중한 녀석들이다. 타고난 행운으로 일찌감치 인간 세상에 서 호사를 누리는 팔자 좋은 놈들이다. 목숨이 촌각을 다투는 오늘 같은 말복에도 주인 잘 만나 음악회나 다니고 있지 않는가.

토종 한국 소도 콘서트를 감상하러 마실 나와 있다. 검은 소도 있고 누런 소도 있다. 얼룩소도 보인다. 당연히 싸움소도 끼어있다. 청도의 명물 '소싸움' 대회에 출전할 선수들이다. 요즘은 맹훈련 중이다. 음악회 같은 정서활동이 강도 높은 훈련에 활력소가 된다고 한다.

막이 오른다. 이런 저런 소개가 끝나고 70인조 오케스트라가 나온다. 베토벤이다. 어쩐지 관객의 반응이 신통찮다. 개나 소도 베토벤에는 관심이 없는 것 같다. 사람이 감상하기에는 주위가 너무 산만하고 개나 소가 감상하기에는 문화적 차이가 있다.

하품하는 개에 끌려 친구가 자리를 뜬다. 먼저 나갔던 개는 벌써 주인을 데리고 들어온다. 저마다 다투어 들락날락하는 통에 분위기가 여간 산만한 것이 아니다.

개그는 어떨까. 기획자와의 인연으로 중앙 무대에서 몸값이 제법 나간다는 개그맨들이 우정 출연을 하는 모양이다. 그런데 무대와 관중석이 너무 멀다. 더구나 여름날의 야외가 아닌가. 사람은 집중하기가 어렵고 개나 소는 대사 이해가 불가능하다. 결국 양쪽 다 난처하다. 개들이 싫증을 내며 돌아다니기 시작한다. 주인들은 또 다시 밖으로 데리고 나간다.

"통닭이나 먹을까."

개도 없는 내가 가방에서 통닭을 끄집어낸다. 맥주를 곁들여 다리를 뜯다가 문득 궁금해진다. 개나 소의 콘서트에 와서 닭을 먹는다? 바로 옆 자리에서는 돼지 족발을 뜯고?

콘서트의 순수한 의도는 '동물사랑' 일 터이다. 나아가서는 '사회적 약자에 대한 배려' 일 것이다. 그렇다면 이 자리에 없는 개나 소는 어떻게 되는 것일까. 보신탕이나 곰탕으로 사라진 똥

개들은 어찌할까. 진정한 약자는 이 자리에도 못 오는, 병들고 버림받은 존재들이 아닐까.

프로그램이 얼추 끝나가는 모양이다. 출연자들이 모두 나와 행사 송을 부르고 있다. 친구들의 개는 재미가 없는지 주인의 무릎에 기대어 졸고 있다. 나는 주섬주섬 쓰레기를 정리하기 시작한다. 여기저기서도 사람들이 일어나는 분위기다.

졸고 있던 개들이 부스스 눈을 뜬다. 웬 소란이냐는 듯 인상을 쓰더니 오줌을 눌 태세다. 암놈은 얌전히 쪼그려 앉지만 숫놈은 나무쪽으로 가서 다리를 든다.

뇨의(尿意)도 전염이 되는 것일까. 여기저기서 개들이 오줌을 누기 시작한다. 숫놈들이 더 가관이다. 앞, 뒤, 오른쪽, 그 옆, 깃발처럼 다리를 번쩍 번쩍 치켜든다. 오늘의 행사 중 하이라이트다. 박수라도 쳐야할 판이다.

– 산문과 시학 2010 –

하찮은 이유

목욕탕에서 머리를 감다가 콰다당 넘어졌다. 겉으로는 멀쩡한데 두들겨 맞은 것처럼 온 몸이 아프다. 앉았다 일어서면 엉치가 천근이고 숟가락을 들려면 손목이 아프다. 무엇보다 팔꿈치가 악! 소리가 나게 아프다. 병원 가서 뼈 사진 찍어야 한다는 아들에게 묻는다. 어떻게 넘어졌다고 해야 할까. 목욕탕 말고 ….

명색이 의사인 아들이 대답한다.

"정직하게 말씀하세요. 누구라도 엄마처럼 하찮은 이유로 넘어져요."

정말 그럴까. 다른 사람들도 나처럼 하찮은 이유로 넘어질까. A를 생각해 본다. 지난 여름 사위가 온다기에 부랴부랴 버선 신고 일어나다 방에서 키대로 넘어지고 말았다. 꼬리뼈를 다쳐

석달 동안 병원에 다닌 A가 말했었다. 내가 무슨 정경부인이라고 한 여름에 사위 온다고 버선 신느라 그 난리를 쳤는지 모르겠다고.

B는 어떤가. 방에서 신문을 보던 중 전화가 와서 마루로 뛰쳐나가다가 대리석 바닥에 온 몸을 내던지고 말았다. 팔목에 깁스를 하고 나타난 B가 말했었다. 나한테 무슨 대단한 이익이 걸려있는 전화라고 급하게 뛰어나가다 팔을 부러뜨리고 야단이냐고. 방 안에도 전화기가 있었건만.

왜 그러냐고, 왜 그러냐고 묻는 내게 아들이 말한다. 머리와 몸이 따로 놀아서 그래요. 몸이 머리를 인정하든지, 머리가 몸에 순응해야 하는 거지요. 연세가 좀 더 들면 좋아지실 거에요.

그러니까 '하찮은 이유들' 이 호시탐탐 나를 노리고 있다는 이야기가 되는데, 언제쯤이면 머리와 몸이 손잡게 될까.
언제쯤이면 아름답게 서로 타협할 수 있을까.

다행히도 병원에서는 내게 어떻게 넘어졌냐고 묻지도 않았다. 그들은 이미 파악하고 있었던 것이다. 나의 사고(事故)가 아프칸 전쟁이나 천안함 수습 도중 일어난 것이 아님을.

가을

Autumn

늪

다시 우포늪에 왔다. 벼 향기 드높은 계절이다. 늪 주변에 피어난 갈대와 억새들이 안개처럼 꽃술을 날리며 몸을 흔들어대고 있다.

70여 만 평의 광활한 늪에는 수많은 물풀들이 머리를 내밀고 있다. 개구리밥, 생이가래, 통발 등 부유식물들이다.

수면은 초록 융단을 깔아놓은 것 같은데, 늪 특유의 물풀 냄새가 바람에 섞여 풍겨온다. 자세히 보면 잎 끝에서부터 물기가 마르기 시작한 것도 있다. 가을이 깊어지면 이들 또한 누렇게 변하리라.

선인장 같이 생긴 가시연은 어느새 시들어 연밥이 보인다. 늪의 반 이상을 차지하고 있는 가시연은 맷방석 같은 넓은 잎을 물위에 띄우고 그 밑에 매달려 산다. 연잎 속에는 무수한 자연의 나이테가 숨어있는 것처럼 보인다. 주름진 잎에는 호랑이 발톱

마냥 수많은 가시가 돋아 있다.

가시연이 얼마나 매운 마음을 가졌는 지는 꽃을 피울 때 보면 안다고 했던가. 자신의 육신인 두터운 잎을 스스로 찢고 침으로 뚫는다. 보라색 꽃은 가시투성이의 꽃대에 수줍게 매달려 있다.

올 여름에는 장마가 없어 유난히 꽃이 고왔다고 한다. 스스로 희귀하여 멸종위기 식물로 보호받고 있음을 눈치 챈 것은 아닐까. 꽃은 져도 향기는 남아서 잎의 상처를 어루만져 주고 있다.

키 큰 왕버들은 곳곳에 군락을 이루고 있다. 늪 속에 반쯤 밑둥을 담그고 있어 원시의 분위기를 자아낸다. 무슨 일인지 뿌리채 뽑혀 쓰러진 나무도 있다. 물을 잊지 못하고 물을 향해 쓰러져 비명 소리가 들리는 듯하다. 마름, 창포, 부들 등 습지식물들이 끌어안듯 떠받치고 있다.

새들이 햇볕을 쪼이기 위해 머리를 날갯죽지에 파묻고 있다. 긴긴 겨울을 늪에서 보내기 위해 부지런히 오고 있는 친구들의 날개짓 소리에 귀 기울이고 있는 중인 지도 모른다.

백로 몇 마리가 정물처럼 떠 있다. 깊은 사색에 잠긴 것처럼 보인다. 줄 군락을 따라 오리들이 떠다니고 있다. 즐거운 담소를 나누고 있는 것일까, 여유롭고 느긋하다. 문득 내가 한 폭의 수채화 속에 서 있는 것 같은 착각이 인다.

아이들의 재잘거리는 소리가 들린다. 선생을 따라 견학 온 초등학교 조무래기들이다. 한 달 후에 있을 람사르 총회를 앞두고 생태계 체험학습을 하는 모양이다.

머리에 풀꽃 핀을 꽂은 젊은 여선생은 목청을 높여 설명을 한다.

"늪은 더러운 물질을 깨끗하게 걸러주는 역할을 해요. 그래서 우리들에게 좋은 환경을 만들어 주죠. 이 늪 속에 얼마나 많은 생물이 사는지 아는 사람 있어요?"

아이스크림을 입에 문 아이들은 선생의 설명에는 관심이 없다. 저희들끼리 끝없이 재잘거리고 장난치기에 여념이 없다. 그러나 선생의 인내심 또한 만만치 않다.

"이 곳에는 1,000여 종의 생물이 살고 있어요. 지금은 사라지고 없는 생물도 이 늪 속에 살고 있답니다. 원시생물의 박물관이라고 할 수 있어요. 신기하죠?"

조무래기들이 돌아간 늪가에 앉아 물속을 들여다보기 시작한다. 1,000여 종의 생물이라, 1억 4천만 년 전부터 있어왔다는 바로 이 늪 속에!

나는 순간 타임머신을 타고 시공의 역주행 속에 몸을 맡긴다. 태고적 자연으로 돌아가 유인원의 세계에서 서성대기 시작한다.

소곤거림도 아닌, 소리조차도 아닌 작은 소리가 나의 청각을 두드린다. 이끼 속에 숨어 사는 작은 벌레들이다. 그들은 이끼 속에서 물과 아우르며 그 어떤 움직임을 진행하는 중이다. 미미한, 그러나 건강한 생물체의 확실한 존재감이다.

불현듯 머릿속이 환히 밝아져 온다.

비록 미물일지라도 생명이 시작될 때부터 이들에게도 인간과 똑같이 자연을 향유할 몫이 있지 않았을까. 인간들의 욕망에 밀려 멸종 위기에 몰린 이들을 나름의 생존 방식대로 살아가게 둘 수는 없는 것일까.
늪이 지금 그 일을 해내고 있다고 하는 것이다.
나로서는 새로운 눈뜸이다.

나의 눈길이 늪 위에 뜬 부유식물들에 머문다. 식물들은 늪 위에 한가롭게 떠 있다. 저들은 또 어찌 저리도 평화롭게 보일까. 쓸데없이 몸무게를 불리지도 않을 뿐더러 뿌리 또한 물 깊이 이상으로 뻗어 내리지 않기 때문이 아닐까. 세월과 벗하며 물과의 절묘한 조화를 이루는 슬기가 가슴에 와 닿는다.

젊은 날 나도 저렇게 가벼워지고 싶었다. 무리하지 않고, 거스르지 않으며, 세상과 조화롭게 살아가고 싶었다. 그러나 그 또한 생각 뿐이었음을 어찌하리.

누구던가 이 세상에서 가장 먼 거리는 머리와 가슴에 이르는 길이라 했다. 생각은 언제나 마음을 배신하고, 마음은 항상 생각을 따르지 못했다. 어리석고 미련하여 늪의 깊이를 부정하고 물의 힘을 거부하지 않았던가.

이제 나는 나의 감성의 영토 속에 늪 하나를 가지고 싶다. 젊은 날의 온갖 욕망과 집념, 절망과 고통에서 비켜나 내 마음의 흐름과 온도를 조절하는 나의 늪을 가지고 싶다. 나를 붙잡고 놓아주지 않는 또 다른 많은 나를 달래고 정화하는 건강한 늪 하나를 가지고 싶다.

– 현대수필 2009 –

강은 기다림이다

무엇이 그리 바빴을까.

섬진강은 오며 가며 스쳐가기만 했다. 대구에서 가까운 길도 아니고, 하동 쪽에 연고가 없기 때문이기도 했을 것이다. 지리산 가는 길에 혹은 집으로 돌아가는 길에 어김없이 강이 거기 있었다. 물과 모래톱이 손잡은 듯한 그 강이.

나는 강이거나 호수거나 바다이거나 스스로의 얼굴이 있다고 믿는다. 섬진강은 댕기 늘인 열 여덟 살 큰 애기의 얼굴이다. 강폭도 넉넉하지만 모래밭 또한 적당하여 조신한 처녀를 연상케 한다.

물은 늘 유유하고 세모래 또한 정갈하다. 차창 밖으로 보이는 강은 때로 나를 오라 하기도 하고 잘 가라고도 하며 저 혼자 흐른다. 강은 흐름으로 강인 것이다.

오늘은 굳이 섬진강에서 차를 내렸다. 지리산에서 집으로 돌아가는 길이다.

강변에 놓인 벤치에 앉으니 그림 같은 풍경이 한 눈에 들어온다. 강과 산이 두런두런 정담을 나누고 있는 모습을 지는 해가 그림자를 거두며 내려다보고 있다.

강변 숲의 어린 갈대들이 바람을 안고 한들거린다. 새순에서 나오는 풀 향기가 코끝을 간질인다.

어디선가 날아온 한 무리의 물새 떼가 강을 질러 쏜살같이 물을 튕기며 지나간다. 고요하던 물 표면에서 하얀 비늘이 일어난다. 흐뭇한 반응이다. 짜릿한 광경이다.

물이 나를 손짓했을까. 몸을 일으켜 강으로 내려선다.

강물에 손을 넣어 본다. 물속에 있던 모래가 부스스 일어난다. 강물이 일제히 나의 손을 반긴다. 차가운 물이 손등을 간질인다.

물새 발자국이 눈에 띈다. 나 먼저 물에 와 놀다간 모양이다. 일정 간격으로 자국을 남겨 놓았다. 손으로 후루루 지워본다. 거짓말처럼 모래가 제 모양대로 돌아간다.

강물과 인접한 곳에 모래성이 쌓여있다. 모양새가 수려한 것으로 보아 개구쟁이들의 솜씨가 아니다. 바로 옆의 낙서가 설명을 보탠다.

'동욱이 바보!'

어느 처녀의 가슴 시린 기다림이 낙서 속에 배어있다. 모래성을 쌓으면서 얼마를 기다렸을까. 기다림의 끝은 어디에 닿아 있을까.

반대쪽에서 석양을 등지고 머리 긴 처녀 하나가 걸어온다. 몇 걸음 떨어져 멈추어 서더니 돌을 집어 강물 속으로 툭 던진다. 또 한 번. 다시 또 한 번.

몇 걸음 더 다가와 이번에는 낙서 앞에 선다. 잠시 무언가를 생각하는 듯하더니 이내 발길을 돌려버린다. 대답 없는 낙서에 실망한 것일까. 메아리 없는 사랑에 대한 허망함일까.

기다림은 축복일 수도, 천형일 수도 있을 것이다. 연인을 기다리는 처녀는 아마도 사무치는 감정의 굴곡을 견디며 강을 찾았으리라. 돌아서는 뒷모습에 또 하나의 실루엣이 서서히 겹쳐진다. 시어머님의 모습이다.

6.25 때 아버님과 헤어진 어머님은 그 절절한 사연들을 글로 남기셨다. 물자가 귀하던 때라 달력 뒷면 광고지 빈자리에 깨알같이 기록하셨던 메모가 팔순을 기념하여 책으로 만들어졌다.

'쿵 …, 하는 대포소리를 들으면서' 로 시작되는 어머님의 일기는 전쟁을 배경으로 아버님과 헤어진 이야기, 혼자된 몸으로 젊음을 이기며 자식들 키운 내용으로 가득 차 있다. 그 어떤 드라마나 영화가 이 보다 더 절절할까. '생은 드라마보다 훨씬 드라마틱하다' 는 것은 이를 두고 한 말이리라.

강물 쪽으로 이름 모를 나무줄기 하나가 길게 뻗어있다. 남들 다 강변 쪽에 무리지어 서 있는데 저 혼자 여기까지 밀려와 누워 있는 폼이 안쓰럽다. 바로 잡으려 손을 뻗어 보니 나무 여기저기에 이미 잔뿌리가 나와 모래 속에 묻혀 있다. 무엇을 못 잊어 걸음을 못 떼는가. 어머님의 심정도 이와 같으리라.

노년에 어머님은 중국 땅을 통해 압록강을 여행한 적이 있었다. 강 하나를 사이에 두고 바라만 보고 올 수밖에 없는 북녘 땅을 향해 목청껏 울었노라고 했다. 또한 낙조를 밟으며 강변으로 나가 돌아올 길이 없는 아버님을 하염없이 기다렸다고도 했다. 그 기다림, 그 절절함을 어디다 비할 수 있으랴.

해가 넘실넘실 산 너머를 기웃거린다. 지기 전 한 순간 더욱 밝아짐 또한 우리네 인생이리라. 한바탕 몸을 뒤채는 강물 옆에서 울컥 목이 멘다.

어머님은 그 긴 기다림을 어떻게 견뎠을까. 가슴 깊이 흐르는 그리움의 강을 어찌 다 보듬고 이겨냈을까.

강물을 다시 한참 바라보다가 발길을 돌려 차에 오른다.

강은 역시 기다림이다.

뻘

며칠 전부터 입안이 헐고 입술이 부르트기 시작했다. 약국에 가니 연고를 주면서 푹 좀 쉬라고 말한다. 그러마고 답하지만 나는 안다. 삶이 공연히 쓸쓸하고 재미없어진 것이다. 계절병이다. 몸이 반란을 일으키고 있음이다. 운동화를 신고 길을 나선다.

무리지어 아름답기로 갈대만한 것이 있을까. 나는 지금 순천만에 와 있다. 800여 만 평의 광활한 개펄에 갈대가 군락을 이루고 있다. 마치 목화솜을 풀어 놓은 듯하다. 가을볕에 은갈치처럼 비늘을 번뜩이다가도 산을 돌아 부는 갈바람에는 후두둑 전신을 곧추세운다.

갈대가 무리를 짓는 것은 속이 비어있기 때문이 아닐까. 속을 비운 갈대는 서로를 부축하며 온 몸으로 바람을 맞는다. 그들은 혼자서는 바람도, 비도, 햇볕까지도 버티어낼 수가 없다. 각각이

독립되어 있는 것 같지만 뿌리는 땅 속에서 무리지어 단단하게 엉켜있다. 무리들은 친숙하게 몸을 비벼대다가 바람이 불면 부는 방향대로 부둥켜안고 몸을 눕힌다. 아니다, 어쩌면 갈대는 스스로 바람을 품고 있는 지도 모른다. 서걱대는 소리마저도 바람소리와 닮았다.

가을볕이 좋다. 쪼그리고 앉아 갈대가 뿌리내린 뻘 속을 들여다본다. 무리를 이루는 것이 어찌 갈대 뿐이겠는가. 뻘에서는 온갖 동식물과 자연의 내음이 물씬 풍긴다. 내음에도 시간과 공간의 흐름이 있지 않을까. 내음에도 기쁨과 슬픔의 질곡이 있으리라. 뜬금없이 아득한 옛날, 문명에 물들기 전 원시의 뻘 내음이 궁금해진다.

농게 몇 마리가 한가롭게 갈대 사이를 돌아다니고 있다. 느린 속도로 어슬렁거리는 폼이 인간의 삶에 비해 여유롭다. 앞발을 들어 먹이를 잽싸게 가로채는 부지런한 놈도 끼어 있다. 눈 깜짝할 사이에 무언가를 재빨리 입 안에 집어넣는다.

한 해에 일곱 번이나 색이 바뀐다는 칠면초가 뻘 위에 끝도 없이 펼쳐져 있다. 시베리아에서 날아온 오리 떼가 그 위를 돌아다닌다. 사색에 잠긴 왜가리는 조형물 같이 움직임이 없다. 큰기러기, 쇠기러기, 청둥오리들이 그림처럼 뻘 주위를 날아다니고 있다.

뻘의 효자 짱뚱어는 부지런히 갯지렁이를 잡아먹고 있다. 바다 비린내가 나지 않는 것은 못 생긴 짱뚱어 덕분이라고 하던가. 흑두루미 한 쌍이 도도하게 뻘 위를 날아오른다. 전 세계 통틀어 만 마리 밖에 없다는 이 새는 보는 것만으로도 좋은 일이 생긴다고 알려져 있다.

부유식물이 밀집되어 있는 수로 끝에서 장화를 신은 한 남자가 무언가를 열심히 찍고 있다. 한 눈에 영상물을 다루는 사람임을 알 수 있다. 무얼 찍느냐 물으니 이끼에 숨어사는 작은 벌레들을 찍는 중이라 한다. 이끼에 숨어사는 작은 벌레라고! 우리 눈에 보이기라도 하는 것일까.

멀찌감치 떨어져 앉아 그의 작업을 지켜보기로 한다. 물속을 들여다보는 남자의 등으로 늦가을의 햇살이 쏟아진다. 벌레들이 눈치 챌까 염려하는 것일까, 더 할 수 없이 조심스럽게 물을 다루고 이끼를 들춘다. 그의 등은 이제 거의 정물에 가깝다.

어디선가 때 아닌 나비 한 마리가 날아와 남자의 어깨 위에 앉는다. 너무 가벼워 남자는 알아채지 못한다. 빨려들듯이 꼼짝 않고 뻘 속을 응시할 뿐이다. 남자 역시 이제는 뻘의 일부가 되어 있다.

인간이 자연을 '경치'로만 즐기는 것은 오만이거나 무지의 소치가 아닐까 하는 생각이 들 때가 있다. 태초에 지구상에 한 생명이 생겨나 그것으로부터 다시 동물과 식물이 파생된 것이라면 세상의 모든 생명체는 하나의 뿌리로 닿아있을 것이다. 나는 지금 그것을 경험하는 중이다. 남자와 이끼와 그 속에 숨어사는 벌레가 무리가 되어 뻘 속으로 녹아드는 광경이다.

손을 뻗어 갈대 한 가지를 꺾어본다. 생각보다 잘 꺾어지지 않는다. 가벼운 물기만이 손끝에 만져질 뿐이다. 이 적은 물기만으로 갈대는 온 몸을 지탱해 왔단 말인가. 이 하찮은 소유로 허허 벌판에 서서 태풍을 맞고 세월을 견뎌온 것인가.

꽃술이 날아와 코끝을 간질인다. 갈대는 꽃조차도 예쁘지가 않다. 빗자루 같이 생긴 그것은 꽃밭에도 끼지 못하고 쫓겨난 박색이다. 곱지도 않은 갈대꽃이 저도 꽃이라고 바람 따라 솜처럼 제멋대로 날아다닌다. 꽃을 보낸 갈대는 못내 아쉬운 듯 두어 번 몸을 흔들다 만다. 생물학자들은 '식물에도 마음이 있다'고 주장한다. 그렇다면 지금 갈대는 어떤 마음일까.

바람이 분다. 산 밑에 서 있는 미루나무가 가을 햇살에 반짝인다. 산을 이웃하고 산과 함께 서 있는 것이 듬직하고 대견하다.

왜가리 한 마리가 뒤늦게 갈대숲을 뒤지고 있다. 이웃은 다

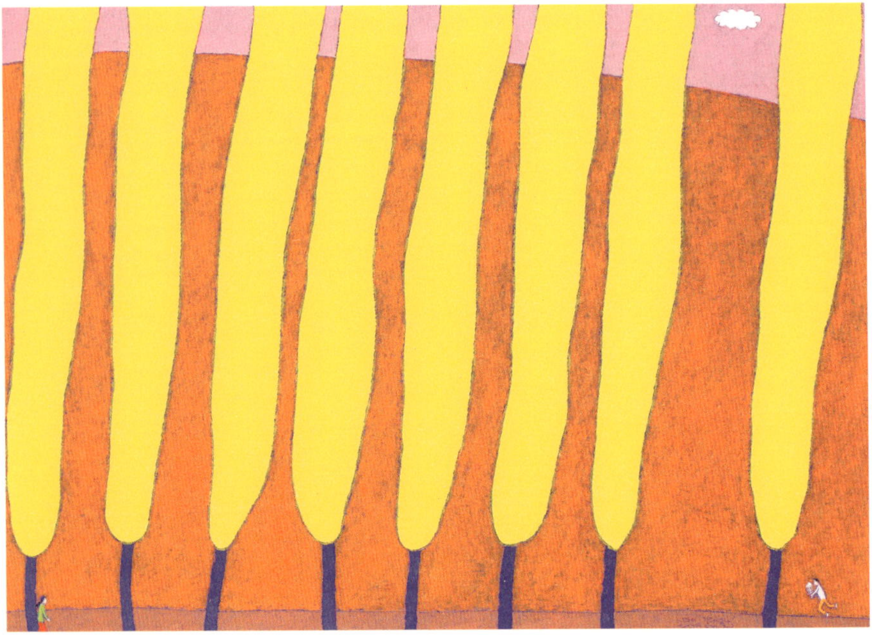

어디로 가고 홀로 먹이를 찾는 중이다. 푸르륵 푸르륵 어린 텃새가 눈치를 보며 달아난다. 고니들이 한바탕 게으르게 날개짓을 해 보인다.

비가 오려나. 바람 속에 물기가 스며있다. 이 비가 끝나면 우리는 기나긴 겨울을 맞이하리라. 지난 가을은 짧았다고, 슬펐노라고 말하리라.

바람에 기대어 갈대가 다시 몸을 흔들기 시작한다. 갈매기가 훨훨 구름 따라 날아오른다. 세상 그 어떤 생명이 어딘가에 기대지 않고 살 수 있던가. 뻘에도 수많은 보이지 않는 것들이 서로 기대어 무리를 이루며 살아가고 있다. 나무는 공기에, 갈대는 바람에, 미물들은 더 작은 미물에 기대어 살아간다. 이 모든 순리는 아득한 옛날 지구 대멸종 시대에도 끝까지 살아남아 억만 년의 고난과 역경을 거쳐 온 뻘이 있었기 때문이리라.

그렇다, 뻘은 모든 생명체의 모태이다. 오늘을 살고 있는 생명체의 원초적 모습이다. 뻘은 생멸(生滅)과 시공(時空)을 영겁으로 이어가는 끈이요, 요람이다.

태실(胎室)이 있는 풍경

살다 보면 우연찮게 좋은 인연을 만나는 수가 있다. 문화유적답사회가 내게는 그러하다. 말 그대로 회원들끼리 정기적으로 문화유적을 찾아다니는 모임이다. 물론 역사학 전공자가 주축을 이루지만 나 같은 비전공자도 반 이상이 넘는다. '아는 만큼 보인다' 고 했던가. 새벽, 별 보고 집에서 나와 뙤약볕 속을 온 종일 쏘다닌 끝에 그 옛날 절이 있었던 자리(寺址) – 지금은 허허벌판이다 – 에서 천 년의 시간을 껴안고 있는 듯한 돌 한 조각 흙 한 줌을 보며 느끼는 감회를 어떻게 말로 다 설명할 수 있을 것인가.

이달에는 성주군 월항면에 있는 〈세종대왕자태실〉을 다녀왔다. 수양대군을 비롯한 세종의 적서 17왕자와 원손인 단종의 태(胎)를 안장한 곳이다. 지상은 기단석, 중동석, 개첨석으로 되어 있고, 지하에는 석실을 만들어 태를 담은 태항아리와 지석을 넣어두었다. 태항아리는 분청사기로 되어 있다.

해설사는 설명을 시작하기 전 먼저 태실을 한 바퀴 돌아보도록 한다. 전체를 한 호흡으로 느껴보라는 뜻이다.

우선 땅의 정기를 깊은 숨으로 들이쉬어 본다. 땅은 평지에서 우뚝 솟아 다시 평지인데 태봉은 선석산에 둘러싸여 꽃의 중심이 되는 형상이다. 내로라하는 지관들이 전국을 두루 살펴 최고의 길지로 꼽았다 하니 명당임에는 틀림없을 터이다.

다음은 주변 경관이다. 나지막한 선석산을 배경으로 아름드리 소나무들이 병풍처럼 태실을 에워싸고 있다. 200m 거리에 있는 오래된 사찰은 태실을 지키는 수호사찰 선석사이다.

마지막으로 사람이다. 북쪽에는 적자 소생의 대군(大君) 일곱 분이 모셔져 있고, 남쪽에는 후궁 소생의 군(君) 열 분이 모셔져 있다. 세종의 열 여덟 왕자 중 첫째였던 문종은 예천 명봉사에 따로 모셔져 있다. 서쪽 끝의 단종은 원손으로 있을 때 모신 것이라 한다. 드문드문 기단석이 훼손된 것은 세조가 수양대군이었을 당시 단종을 밀어낸 것과 관련이 있는 흔적들이다.

해설사의 주된 설명은 장태문화(葬胎文化)에 관한 것이다. 하지만 나 같은 비전문가는 그런 역사적인 설명 보다는 선조들이 태를 '살아있는 생명체' 로 인식했다는 점에 관심이 간다.

왕자가 태어나면 깨끗하게 자른 태를 길한 방향의 물을 길어다가 100번을 씻는다. 씻은 태는 마지막 단계에서 향온주(따뜻하고 향기나는 술)로 정성을 다해 헹구어 낸 후 길방에 모셔 둔다. 태를 태실로 옮겨가는 달과 년도는 '6안태법'에 의한다. 6안태법은 3월, 5월, 3년, 5년, 7년, 15년을 말한다.

태가 묻힐 장소(胎室)는 최종적으로 임금이 정하며 안태사(安胎使) 수장이 가마를 타고 행렬을 끌고 지나가는 고을에서는 큰 잔치가 열린다. 태를 신성시할 뿐 아니라 살아있는 왕자를 모시듯 예를 다하여 경의를 표하는 것이다.

설명 도중 휴대폰이 울려 일행에서 벗어났다. 아들이다. 하필이면 바로 이 때에!

그렇잖아도 아까부터 그의 생각이 머릿속에 잉크처럼 번져가고 있던 참이다. 부끄럽기 짝이 없는, 가슴을 짓누르는 빚이랄까, 짐이랄까 무거운 상념에 사로잡혀 있던 중이 아니던가.

위로 딸을 셋이나 둔 나는 더 이상 아이를 낳고 싶지 않았다. 넷째의 임신을 확인한 순간 망설임 없이 유산을 결심했다. 시댁에도 아들이 4형제나 있을 뿐 아니라 친정에도 남동생이 셋이나 되었다. 반드시 아들을 낳을 필요도 없는 입장이었다. 남편도 유산에 동의하며 정관 수술 날짜까지 예약해 두고 있던 중이었다.

문제는 친정어머니였다. 부모는 자식에 관한한 특별한 더듬이를 사용하는가. 혹여 유산을 반대할까봐 임신 사실을 숨기고 있던 참이었는데 병원 예약이 되어있는 날, 난데없이 새벽부터 어머니가 들이닥쳐 태몽을 들먹이기 시작하는 것이었다.

한밤중에 대문이 저절로 스르르 열리더니 큰 짐승이 한 마리 머리를 들이밀더라고 한다. 아무리 나가라고 해도 꿈쩍 않는 것이 태몽임에 틀림없다는 어머니는 한 치 의혹 없이 아들임을 확신했다. 그럼에도 낳지 않겠다는 나를 달래다가 욱지르다가 빌기까지 하다가 마침내는 집에도 돌아가지 않고 병원에 못 가도록 감시한 끝에 얻은 자식이 바로 지금 휴대폰을 울린 그 녀석이다.

전화를 끊고 눈을 드니 머지 않는 곳에 태실을 수호하는 선석사가 보인다. 선석사에서는 이태 전에 태장전(胎藏殿)을 세웠다. 어머니로부터 아기의 태를 건네받아 생명이 다할 때까지 기도를 해 주는 곳이다. 태를 인간의 생명이 드는 뿌리로 인식하고 자녀의 앞날을 밝게 해 주기 위해 기도를 하는 것이다.

나는 불교신자도 아닐 뿐더러 미신을 믿는 사람은 더욱 아니다. 그러나 나는 인간의 '기원'을 믿는다. 간절히 무언가를 원하여 진정으로 기(氣)를 모아 기도를 하게 되면 나의 기가 목표하는 대상에게 보태어질 것이라 믿는다.

친정어머니의 간절한 기원으로 태어난 아들은 이제 결혼을 앞두고 있다. 손주가 태어나면 그 태를 내가 직접 거두어 선석사에 맡기려 한다. 좋을 때나 나쁠 때나 혹은 생의 중요한 시기에 아무도 몰래 찾아와서 아이의 장래를 위해 기도를 하려 한다. 오래 전 친정어머니의 간절한 기도가 내 아들을 늠름하게 키워낸 것을 상기하며.

이제 회원들은 태실을 에워싸고 삼삼오오 앉아 있다. 고즈넉한 태실 위를 초가을의 햇살이 부드럽게 내려 쬐는데, 소나무 가지 위에는 작은 새 몇 마리가 오수에 취해 있다. 연록색으로 반짝이는 선석산 위로 구름이 흘러가다 걸음을 멈춘다.

역사학자들은 곧잘 '지나간 과거'와 '지나온 과거'를 이야기한다. 지나간 과거에 비해 지나온 과거는 현재까지 진행 중인 과거를 의미한다. 눈 앞에 있는 태실에는 지나온 과거가 녹아있다. 600여 년의 시간이 태실 위로 내려와 생명경시 사상에 물들어 있는 나 같은 후손에게 경계를 주고 있지 아니한가.

누구는 조상을, 누구는 세종대왕을 화두로 꺼낸다. 대체로 회원들은 저마다의 상념에 젖어 말이 없다. 태실을 마주한 채 시간을 거슬러 지나온 과거들을 되돌아보는 중인지도 모를 일이다.

달의 진화(進化)

올 추석은 손님이 많지 않았다. 대부분의 딸네들은 시집을 갔고, 아들네들은 유학을 가거나 취직을 하여 제사 참석이 쉽지 않았다. 어른들 또한 모두 작고하여 이제는 아흔이 넘은 시어머님 혼자 뿐이었다. 며느리들이 무대 위로 올라온 것이었다. 이끌어 줄 선배도 없이, 박수 쳐 주는 후배도 없이.

설거지를 돕던 아들이 선심 쓰듯이 "저녁에는 보름달이나 보러 갈까요?" 한다.

그 순간 나는 왜 수성못을 떠올렸을까.

못 한 복판에 높이 떠 있는 보름달, 달, 달.

세상을 떠난 남편은 연애시절 유난히 수성못을 고집했었다. 당시만 해도 수성못은 유원지라기보다는 그냥 '못' 일 따름으로, 손잡고 못 둑을 돌고 있노라면 그 순간, 그 공간에 우리만 남겨진 것 같은 설렘이 있었다.

우리는 애써 친근함에서 벗어나고자 영화음악 알아맞히기 따위의 게임을 하며 걸었다. 아마도 비슷한 수준이었던 듯 작곡가 알아맞히기도 했던 것 같다.

마지막 코스는 「호반벤치」. 수성못 유일의 레스토랑이었는데, 집 주위의 나무와 벤치가 좋았다.

어느 봄, 유난히 달 밝은 밤에 우리는 그 벤치에 앉아 있었다. 달이 못 한 복판에 둥실 떠 있었는데, 어린 시절과 초등학교 때 이야기 정도 나누지 않았을까.

다시 또 늦가을.

가랑비가 오락가락하던 저녁 무렵, 무엇 때문이었는지 나는 좀 토라져 있었고, 달래던 그는 나무에 기대어 노래를 흥얼거리기 시작했다. 제목도 기억 안 나는 노래.

아들과 함께 간 「호반벤치」에는 2층 건물이 들어서 있다. 벤치가 있던 자리는 주차장이 되어 있고, 나무는 베어버린 듯 흔적도 없다.

내가 눈어림을 하며 기억을 더듬는 동안 어느덧 그 때의 아버지 나이가 된 아들은 추석 특별 행사로 펼친 레이저 분수 쇼에 관심을 보인다.

"프로그램이 다양하네. 저기 저 자리가 좋겠다."

너무도 간단히 「호반벤치」를 벗어난 우리는 못 주변을 돌기 시작한다.

"달은 어디 있나?"

"저기 있네요. 뒤를 보세요."

무심한 아들은 달을 등지고 걷게 하여 우리는 마치 일방통행 길을 잘 못 든 사람들 같다. 아들은 쇼에 마음을 빼앗기고, 나는 연신 뒤를 돌아본다.

"달을 안고 가야 하는데 …."

"가다보면 안게 되겠지요. 어차피 한 바퀴 돌 거니까."

달은 계속 등 뒤에 머물고, 못 한 복판에는 한가롭게 오리배가 떠 있다. 유람선인 듯 배 주위에 빨간 장식등들이 무수히 달려 있다.

우리는 세느강과, 홍콩의 야경 이야기를 하면서 천천히 못 한 바퀴를 돌아본다. 다시 「호반벤치」.

"그러니까 저 쪽으로 돌아야 하는 거구나. 달을 안고 가려면."

아들이 무안한 듯 씨익 웃더니 "술 한 잔 할까요?" 한다.

술과 안주를 시킨 아들은 분주하게 휴대폰을 받고, 걸기도 한다. 전공의(專攻醫) 과정이라 연락할 일도 많고, 체크할 사항도 많은 것이다. 아버지에 비해 활달하고, 자유분방한 성격이다. 아버지로부터 비롯 되었으나 아버지와 다르고, 아버지와 다르나 아버지가 숨어 있다.

전화 도중 응급실 수련의를 거칠게 다루기에 나무라는 것을 시작으로 대화는 자연스럽게 병원생활로 접어든다. 의국 이야기, 환자들 이야기.

그가 살아 있다면 우리는 무슨 이야기를 했을까.
추석 음식과 손님들 이야기를 하지 않았을까. 선거나, 해외여행에 관한 이야기를 했을 지도 모른다. 달을 등지게 한 무심함을 나무랐을 지도 모르고 ….

"아버지와 여기 자주 오셨다면서요? 많이 달라졌죠?"

"응. 커다란 나무가 없어졌네. 나무에 기대어 노래도 부르셨는데."

아들 얼굴에 잠시 장난 끼 어린 기운이 스치더니,

"어떤 노래요?"

"기억 안 나. 4중창단의 노래였는데 …."

4중창단을 보컬그룹 정도로 생각하는 아들은,

"비틀즈? 비지스? 오래된 그룹에 또 뭐가 있죠?"

나는 웃고, 고개를 저어 기억하기를 포기한다.

이름이 대수던가. 그들은 이미 저 달 뒤로 사라졌다.

노래도, 나무도, 벤치마저도 사라졌다.

술을 몇 잔 마신 아들이 창밖을 보며 가만히 노래를 흥얼거린다.

'달의 몰락' 이다.

나를 처음 만났을 때에도 그녀는 나에게 말했지.
탐스럽고 이쁜, 저 이쁜 달. ……………………….
그녀가 좋아하는 저 달이 지네. 달이 몰락하고 있네.

시간만큼 엄격한 것이 세상에 또 있을까.
어느덧 밤은 깊어 레이저 쇼는 그쳤다.
못 한 가운데 보름달만 덩실 떠 있는데, 달은 그러나 몰락하지 않았다. 진화하고 있는 중이다.

오래된 라디오

집안 물건을 정리하다보니 라디오가 3대나 있는 것을 알았다. 아이들이 초 · 중등학생일 때 쓰던 것들이니 대충 20년은 넘긴 물건들이다. 어느 것이 누구의 것인 지는 알 도리가 없다. 아이는 4명인데 라디오는 3대이니 당연한 일이다.

라디오의 성능을 점검해보니 거기가 거기였다. 라디오 A는 대체로 FM이 잘 나오는 대신 AM이 시원찮고, 라디오 B는 그 반대였다. 라디오 C는 소리는 제일 시원치 않은데 셋 중 모양이 가장 세련되고 예뻤다. 나는 분야별로 라디오의 채널을 고정시켜 놓았다.

식사시간이나 신문을 볼 때는 라디오 A에서 클래식을 즐긴다. 청소를 하거나 집안 일을 할 때는 라디오 B의 다양한 프로그램이 적당하다. 무슨 규칙같이 정해진 것은 아니나 나의 생활패턴이 대체로 그러하다.

나에게 정해둔 규칙이 없듯이 그 녀석(라디오)들 또한 마찬가지다. FM이 잘 나오던 A가 어느 날은 오케스트라가 헝클어지고 난리법석을 떨어서 AM으로 체널을 옮겼더니 순한 양처럼 깨끗한 소리를 내보낸다. B 또한 마찬가지이다.

한번은 발코니 청소를 열심히 하고 있는데 밖에서 들어온 아들이 물었다. 엄마 요즘 미국방송 듣느냐고. 라디오 B가 방송 도중 제멋대로 미국으로 건너간 모양이었다.

보다 못한 아들이 오디오를 하나 사라고 돈을 조금 주었다. 백화점에 갔더니 오디오의 종류가 많기도 할 뿐더러 책 한 권 분량의 사용설명서가 나를 질리게 했다. 포기하고 돌아와서 라디오 한 대를 켜니 그 어느 때 보다도 상태가 좋았다. 나머지 두 대도 의논이라도 한 것처럼 소리가 깨끗했다. 기분이 좋아져서 커피를 뽑다 보니 오래 전 친구의 남편이 하던 말이 떠올랐다.

그는 대단한 클래식 마니아였다. 70년대 결혼했을 때 신혼집에 자신의 음악 감상실을 가지고 있을 정도였다. 벽을 꽉 채운 레코드판에다 어마어마하게 비싼 음향기를 갖춘 그 방에서 나는 단 한 대의 고물 라디오를 보물처럼 끼고 사는 나의 초라한 삶을 슬퍼했다.

집 구경하느라 그의 서재에 들렀을 때 책상 위에 오래된 라디오 한 대가 놓여있는 것을 보았다. 중학생 때부터 지금까지 애용하는 것이라고 했다.

저렇게 좋은 감상실을 가지고 있는 사람이 고물 라디오를?

나의 표정에서 의문점을 발견했는지 그가 말했다.

"결국은 모노로 돌아가게 되어 있어요. 감상실은 아주 가끔 이용합니다. 오늘처럼요, 하하."

나는 순간 학창시절에 읽었던 임어당의 에세이 한 편을 기억해 냈다. 제목도 생생한 「치약은 왜 샀던가」이다.

주인공은 양치할 때 소금을 사용하고 있었다. 이를 본 한 친구가 '치약'이라는 것이 개발되었으니 써 보라고 권유한다. 시키는 대로 하다가 신문에서 치약도 여러 종류가 있음을 발견한다. 어떤 사람은 이것이 좋고 어떤 사람은 저것이 좋다 한다. 권하는 대로 온갖 치약에 끌려 다니던 중 어느 날 한 연구결과에서 치약 성분의 대부분이 결국은 소금 성분임을 발견한다. 주인공은 다시 소금으로 돌아가게 되었다는 내용이다.

젊은 날에 '모노(mono)'를 이해한 그의 혜안이 놀랍다.

나도 한 때 휴대폰 액정에 「Simple is Beautiful」이라고 새겨 다닌 적이 있었다. 간절히 「단순한 삶」을 지향한 것도 사실이지만 일말의 허영심도 있었음을 부인할 수 없다. 왜냐하면 아름다운 「단순」은 수많은 「복잡」의 단계를 거쳐야 가능한 것인데 나는 늘 「복잡」의 첫 단계에서 허우적거리고 있었던 것이다.

이제 나는 오래된 라디오에서도 어찌할 수 없는 「복잡」을 본다. 너무 많은 채널과 기능을 가진 녀석들은 나의 손가락이 전원을 누를 때마다 몸살을 앓는다. 1밀리미터의 착오만 생겨도 지지지직 아우성을 치고, 두 개의 방송이 섞여서 시장터를 방불하게 할 때도 있다.

나 또한 그들과 다름이 없으리. 내 속에 너무 많은 나를 가지고 있어 조금만 어긋나도 상처를 입는다.

언제쯤이면 위풍당당하게 모노로 돌아갈 수 있을까. 오래된 집에, 오래된 라디오와 오래된 사람이 서로의 「복잡」에 발목을 붙잡혀 낑낑거리며 살아가고 있다.

– 문학사계 2009 –

꿈속의 꿈

누군가가 당신의 뇌에 침투해서 생각을 지우기도 하고 다른 생각을 심기도 한다면 어떻게 될까? 뇌의 싸움이다. 아니면 누군가가 당신의 꿈속에 들어가서 꿈을 훔치기도 하고 새로운 꿈을 뿌리기라도 한다면? 꿈의 전쟁이다.

"그냥 가만히 누워 계세요. 눈 뜨지 마시구요."

살다보니 희한한 일도 있다. 나는 지금 종합병원에서 MRI 를 찍고 있는 중이다. 굴 같이 생긴 큰 기계 안에 들어가서 뇌의 단층 사진을 찍는 것이다. 두어 번 가벼운 빈혈 증세를 보였을 뿐인데 아들이 나서서 일을 복잡하게 만들었다. 뇌 사진이 무슨 증명사진인가, 여권 사진인가. 자기 뇌 아니라고 온 몸을 통나무처럼 묶은 채로 호랑이 아가리 같은 굴 속에 가두는 것도 의사의 횡포가 아닌가.

"살풋 주무시면 가장 좋습니다. 주사 한 대 놓습니다."

촬영기사는 나를 잠깐 죽여 놓을 모양이다. 아니면 깜빡 속여 두거나. 나는 영락없이 그의 포로가 되고 말았다. 애써 흐려져 가는 정신이나마 끝까지 붙들고 있으려고 안간힘을 써 볼 뿐이다.

어제 본 영화를 떠올린다. 인간의 뇌 속이 범죄의 현장이 되는 영화다. 아내를 살해했다는 누명을 쓴 채 도망자가 된 주인공은 기업합병을 구상하고 있는 회장의 뇌 속에 들어가 생각을 바꾸어달라는 의뢰를 받는다. 의뢰인이 내건 조건은 거액의 돈과 아이가 있는 집으로 돌아갈 수 있게 해 주는 것이다.

주인공에게는 선택이 많지 않다. 그는 곧 표적자의 뇌 속에 새로운 생각을 심을 공간을 설계한다. 천재적인 재능을 가진 건축 학도를 비롯해 최고의 실력을 갖춘 5명의 드림팀을 구성해 작전에 나선다. 그들은 표적자의 뇌 속을 마음대로 들여다보고 휘젓고 다닌다. 표적자의 생각과 꿈을 걷어내고 욕망으로 가득 찬 그들의 더러운 계획을 심기 위해서다. 사상 최대의 뇌 전쟁이 벌어지려는 순간이다 ….

몇 시나 되었을까? 나의 몸이 결국 주사에 항복을 한 모양이다. 손 끝 하나 꼼짝할 수가 없다. 먼 데서인 듯 환청처럼 기계소리가 들리는 것으로 보아 MRI 작업은 아직 진행 중인 것 같다.

나는 지금 꿈을 꾸고 있는 것일까? 그와 함께 있는 것으로 보아 이것은 분명 꿈속이리라. 20년 전 세상을 떠난 그가 아내인 나를 찾아온 것이다. 나는 놀라지도 않고 반갑게 그를 맞았다. 마치 아침에 출근했던 남편을 퇴근해서 맞이하듯 자연스러웠다.

우리는 무슨 이야기를 했던가. 아니다, 그는 말을 할 줄 몰랐다. 너무 오랫동안 말을 해 보지 않아서 말을 아예 잊어버린 것 같았다.

"그래도 한 번 해봐요. 무슨 말이든 …."

"아 …."

소리는 더 이상 나오지 않았다. 대신 손바닥에다 글씨를 썼다.

"걱정 마. 아무 이상 없을 거야."

MRI에 겁먹고 있는 나를 위로하는 말이리라. '보고 싶었다' 거나 '사랑한다' 는 말은 없었다. 그러나 나는 선뜻 그를 따라 나섰다. 우리는 손을 잡고 무작정 걷기 시작했다. 별도 달도 없는 캄캄한 밤길이었다. 무섭거나 두려운 생각은 들지 않았다. 오히려 낮보다 모든 것이 확실하고 명료했다.

나는 어제 본 영화 이야기를 들려주었다. 주인공이 표적자의 뇌 속에 들어가 계획된 생각의 공간을 장치하는 장면에 이르자 그가 나의 두 손을 보듬어 잡는다.

"그만 해. 결국 그는 실패하게 되어 있어."

"왜?"

"인간에게는 '본성(本性)' 이라는 백혈구가 있거든. 본성 안에서는 인간답게 살려는 욕구가 최우선이야. 이놈들이 나서서 강력한 방어를 하게 되어 있는 거지. 지구의 종말을 막는 유일한 전투부대니까."

문득 나는 그가 좀체 나의 꿈속에 나타나지 않았던 점을 상기했다. 때로 많이 외롭고 안타까웠을 때에도 그는 쉽게 모습을 드러내는 법이 없었다. 오늘처럼 내가 극도의 불안에 사로잡히거나 온 몸이 묶여 굴 속 같은 기계에 들어있을 때에만 산신령같이 홀연히 나타나는 것이었다. 그 나름의 배려이고 사랑이었음을 여태 왜 몰랐을까. 그가 다시 나의 손바닥을 펼쳤다.

"사실은 ⋯."

글씨는 계속되었다.

"꿈속에서도 나는 당신의 꿈이 되고 싶어."

정적이 왔다. 기계음이 멈추더니 촬영기사기 나의 몸을 풀어준다.

"끝났습니다. 내려오시면 됩니다."

탈의실에서 나오니 아들이 대기실에 기다리고 있다. 그는 오늘 나의 주치의이기도 하다. 촬영하는 동안 컴퓨터를 통해 MRI 스크린을 바로 읽었을 터이다. 그러나 정작 판독 결과를 묻는 나의 시선은 아랑곳하지 않고,

"화면이 제법 흔들리던데요, 꿈 꾸셨어요?"

나는 순간 아들이 나의 꿈을 엿보았나 흠칫 놀랐다. 아니다, 염려할 것은 없었다. 우리 뇌에는 '본성'이라는 강력한 백혈구가 있어서 생각과 꿈을 방어한다고 하지 않던가. 꿈속에서도 나의 꿈이 되고 싶다던 그 사람이!

오브제의 기억

멀리서 책 한 권이 도착했다. 프랑스에 유학 가 있는 S가 보낸 책으로 「오브제의 기억」이라는 제목이다. S는 한국에서 미술사를 전공했는데, 프랑스로 유학 가서는 전공을 세분하여 오브제(objet, 사물)를 통한 역사 연구에 흥미를 갖게 되었다. 현재로부터 가장 빠른 시점을 기준하여 관련 사물을 중심으로 거꾸로 역사를 추적해 가는 연구이다. 상황 설정을 통한 역사의 한 단면을 통해 진실을 파헤쳐 나가는 것이다.

책 한 권을 다 읽고 나니 어느덧 새벽이다. 기지개를 켜며 일어나다 문득 거실 한 쪽에 눈이 간다. 20여 년 전의 내가 등을 보인 채 무언가에 열중하고 있다. 크고 기다란 나무토막이 그 앞에 놓여 있다. 떡판이다. 잠옷을 입은 내가 괴목으로 된 떡판에다 레몬오일을 칠하고 있는 중이다. 천천히, 조금씩, 공들여 그 일에 집중한다.

떡판은 크고 잘 생겼다. 대갓집에서 특별히 잘 만들어서 몇 대를 거쳐 내려온 물건이다. 옛날 우리 선조들은 명절 혹은 잔칫날에 그 위에 떡을 놓고 쳤다. 오래 전의, 어느 댁 큰 애기의 것인지도 모를 떡 썬 자국들이 빗살처럼 정교하고 촘촘하게 나 있다. 수많은 이야기, 수많은 사연들을 비밀처럼 끌어안고 있는 보기 드문 물건이다. 이 집에 올 때 이미 200여 년의 세월을 넘겼다.

언제부터인지 한 남자가 역시 잠옷 바람으로 그 모습을 내려다보고 있다. 퇴근길에 레몬오일을 사다 준 남편이다. 괴목에는 레몬오일을 먹여야한다고 했다. 나무토막에 레몬오일이라니. 그것도 먹이다니. 세상 비밀 하나를 몰래 훔친 듯 둘은 마주보며 짜릿하게 웃었다. 애들이 어렸으므로 잠든 후를 틈 타 한밤중에 칠을 끝내야 했다.

"시작한 거야, 당신?"

"쉿! 애들 깰라 …."

흥분으로 몸이 부르르 떨리는 시늉을 한다.

"그렇게 좋아?"

"응."

남편도 주저앉아 함께 칠하기 시작한다.

"나한테도 이렇게 공 좀 들이지. 아무려면 나무토막 보다야 못할까 …."

S라면 여기서 떡판이라는 오브제가 당시의 한국 중산층에게는 실용을 넘어선 문화상품이었음을 주목할 것이다. 그랬다. 언제부터인가 남편과 나는 오래된 물건에 흥미를 갖게 되었다. 우리가 무슨 대단한 가문의 자손이거나 투자 가치를 의식한 것은 아니다. 그저 단순히 오래된 물건들에 대한 관심이라고나 할까. 하찮은 것이라도 손에 넣게 되면 무슨 대단한 보물인 양 애지중지 간직했다.

어느 날 우리는 우연한 기회에 명문 대갓집에서 사용하던 떡판 하나를 만나게 되었다. 괴목으로 된 통판이었는데 어찌나 잘 생기고 늠름했던지 첫 눈에 그만 홀딱 반해버리고 말았다. 말이 떡판이지 보존 상태가 나빠서 나무토막만 겨우 남겨진 상태였다. 그 무거운 걸 우리는 애써 뒤집어 가며 밤늦도록 씻고 닦아냈다. 각오는 하고 있었지만 두 사람 다 속옷까지 흠뻑 적신 상태였다.

우리는 그 잘 생긴 떡판을 석 달 동안 그늘에서 공들여 말렸다. 그런 다음 발을 달고 서랍을 붙여 탁자로 만들었다. 응접실에 놓고 보니 좁은 공간이 그(떡판)에게 너무 민망했다. 물건도 역시 사람과 마찬가지로 숨 쉬고 활동할만한 공간이 필요했던 것이다. 궁리 끝에 우리는 응접실과 부엌 사이의 문을 제거하기로 합의를 보았다. 머리도 좋지, 그것은 정말 근사한 생각이었다!

문을 없애는 작업을 하다가 부엌에 놓인 식탁마저도 아예 치워버리고 말았다. 떡판을 들이자니 식탁이 꼭 의붓자식같이 느껴졌던 것이다. 그제야 떡판은 응접실과 부엌을 포옹하며 늠름하게 탁자 구실을 해 내게 되었다. 우리는 아침저녁 호마이카 밥상을 접었다 폈다 하면서도 떡판으로 된 탁자 위에서는 오랫동안 차를 마시고 담소를 즐겼다.

이쯤에서 S라면 질문을 던질 수 있다. 그런데 왜 지금은 그 떡판이 거실 한 쪽, 시선이 닿지 않는 곳으로 밀쳐져 있나요? 그렇다. 이제 나는 더 이상 그와 더불어 차를 마시고 담소를 즐길 수 없게 되었다. 20여 년 전 그가 내 곁을 홀연히 떠났기 때문이다. 그가 죽고 나서 나는 마음으로부터 떡판과도 헤어졌다. 유행가 가사처럼 우린 너무 쉽게 헤어졌는 지도 모르겠다. 그러나 나는 더 이상 공들여 레몬오일을 먹이지도 않을 뿐더러 계절 따라 찻잔을 바꿔 놓지도 않는다.

S가 다시 질문한다. 당신에게 떡판은 어떤 의미인가요? 내가

대답한다. 역사이다. 그와 함께 한 젊은 날이 고스란히 녹아있다. 우리 집에 들이기 전 200여 년의 시간까지 떡판은 말없이 그 안에 품고 있다. 사물이란 항시 인간과 더불어 호흡함으로써 생명력을 얻어가는 꿈틀거리는 생물이다. 오래된 빈 집에 살아 숨 쉬는 것이 있을 수 없음과 같은 이치이다.

대답하다 말고 손을 들어 떡판을 한 번 쓸어본다. 지지직, 전율을 실은 통증이 심장을 훑고 지나간다. 음악이 흐르고, 래몬 향이 풍겨오고, 찻잔에서 김이 오르기 시작한다. 아픔일까, 슬픔일까. 세포 곳곳에 숨어있던 흘러간 시간들이 모래알처럼 부스스 일어난다.

시공을 넘어 그가 문득 내 앞에 선다. 편안하고 낯익은 현장으로 나를 이끈다.

우리는 말없이 흙 묻은 나무토막을 함께 끌어안고 씻어내기 시작한다. 옷이 다 젖는 줄도 모른 채 밤늦도록 그것을 뒤집어가며 닦아내고 있다.

파리의 가을 산책

한국에서는 '가을!' 하면 하늘이 높고 말이 살찌며, 곡식이 익는 계절이지만 프랑스의 가을은 흐리고 우울하다. 밀레가 그린 「만종」은 수확하는 계절의 농촌 풍경을 잘 나타내지만 그 또한 X선 투시결과 여자의 옆에 놓인 감자 바구니가 죽은 아이였다는 말이 있고 보면 프랑스인들의 우수는 체질화된 것이 아닌가 한다.

옷차림 또한 가을에는 트렌치코트가 주류를 이룬다. 아무렇게나 흘러내리는 머리를 그대로 두거나 질끈 묶고, 가방 안에는 예비우산이 들어 있다. 언제 비가 내릴지 예측할 수가 없기 때문이다. 남자들은 손잡이가 긴 우산을 들지만 여자들은 주로 조그마한 일인용 접이우산을 즐겨 쓴다. 아무나하고 함께 쓰는 건 '농 메르씨(사양)' 라는 뜻이다. 개인주의의 산물이다.

가로수는 마로니에가 주종이다. 잎이 넓은 마로니에가 가을

비에 젖어 거리에 쌓여있는 것을 보면 누구라도 시인이다. 보들레르가 아니라도, 기욤 아뽈리네르가 아니라도 저절로 시인이다.

프랑스의 한 사진작가가 「연인」이라는 작품을 잡지에 실었는데 가을비 속을 여자가 남자의 코트 속에 얼굴을 묻고 함께 거니는 모습이다. 여자의 얼굴은 반쯤 가려져 있고 내려다보는 남자의 얼굴 또한 15도 각도이다. 그런데 이 사진을 본 여자들이 다투어 잡지사에 전화를 걸어 자기가 주인공이라고 우기는 바람에 잡지사의 통신이 마비되었다는 얘기가 들리기도 한다. 사진을 찍은 작가나 찍힌 연인이나, 호들갑을 떠는 잡지사 기자까지도 모두 시인이다.

소르본느 대학이 있는 거리로 들어선다. 이 건물은 원래 소르봉(Sorbon)이라는 사람이 세운 신학교인데 파리 4대학(문리과대학)이 되면서부터 여성명사인 소르본느(Sorbonne)가 되었다. 건물 위쪽에 조그마하게 새겨진 'UNIVERSITE DE PARIS Ⅳ'의 팻말을 보는 순간 검은 옷을 길게 늘어뜨린 신학생들의 모습이 떠오른다. 어디선가 미사를 알리는 음악이 들리는 것도 같고, 엄숙한 제례가 보이는 듯도 하다.

맞은 편 서점을 기웃거려 본다. 학생들이 드문드문 책을 고르고 있는 한 쪽에 문구류가 보인다. 달력과 수첩, 필기구 같은 것이 진열되어 있다. 미국에서는 하버드나 줄리어드에서 기념품을 살 수도 있다고 들었는데 소르본느에서는 불가능하다. 나름대로 자부심을 드러내는 것이리라. 마티스의 그림이 있는 달력을 하나 샀다. 가방에 들어가지 않아 그대로 손에 들고 나오는데, 그림 위로 성급한 낙엽이 한 잎 떨어진다.

바스티유로 향한다. 파리 동쪽 교외에 있는 교통의 요새로 프랑스 혁명의 발단이 된 곳이기도 하다. 한 때는 감옥이었지만 지금은 오페라하우스로 재건축되었다. 우리나라의 정명훈씨가 음악감독을 맡았던 적이 있다.

입구에 있는 흑인 안내원의 미소가 따뜻하다. 저 사람들은 보기 드물게 아름다운 근육을 가졌다. 근육 곳곳에 리듬과 음률, 가락을 숨겨 놓은 것 같다. 몸짓으로 지하를 가리켰을 뿐인 데도 사방으로 황홀한 리듬이 번져 나오는 느낌이다.

지하에서는 최신 레코드를 팔고 있다. 원하는 음악이 있으면 헤드폰을 끼고 마음대로 감상할 수가 있고, 음악과 관련된 각종 악세서리들도 준비되어 있다. 심지어는 아이들이 좋아하는 장난감까지 진열되어 있다. 가족 팀을 위한 배려이리라.

최신판 몇 개를 골라 헤드폰을 끼고 들어본다. 음악 역시 글

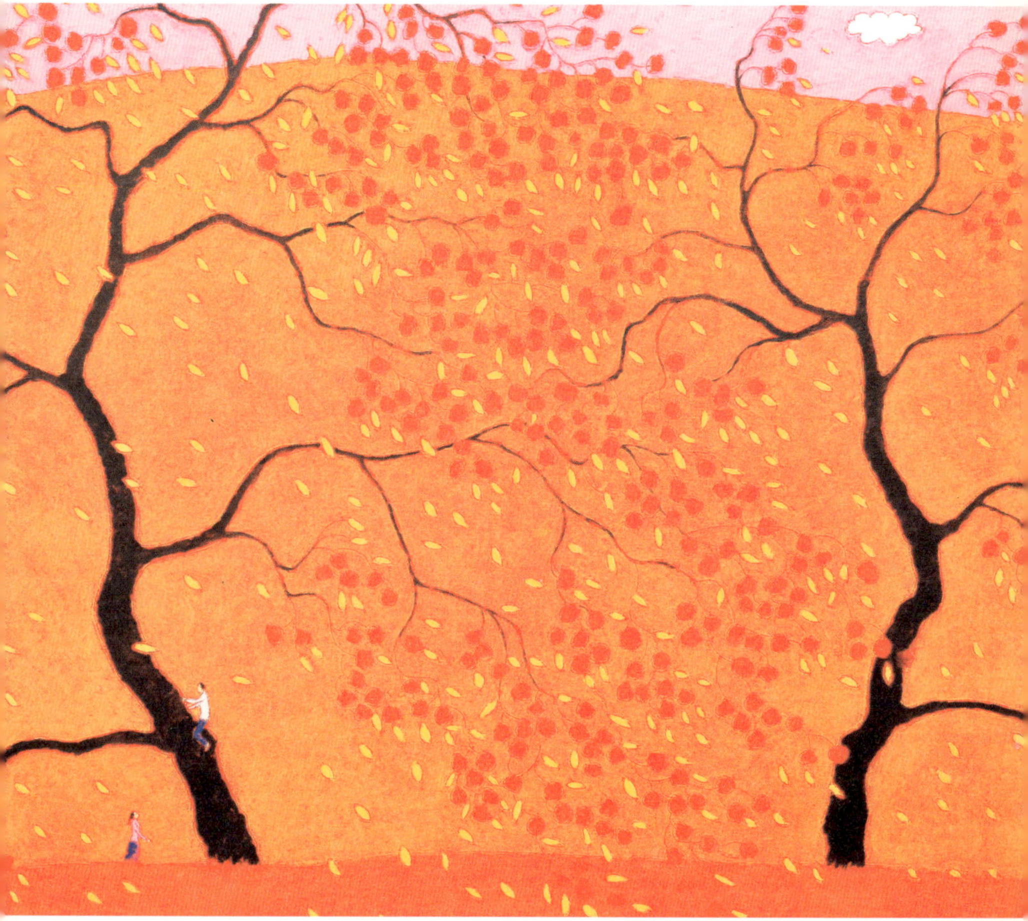

로벌화 되어가고 있는 것일까. 샹송의 정통성을 벗어나 미국음악, 중국음악까지 섞여있는 것들도 있다. 그런가 하면 소녀시절 좋아했던 정통 샹송들이 아직도 건재하다. 반가운 김에 두어 개를 손에 넣었다.

계산을 마치고 나오니 광장에 사람이 그득하다. 시위가 시작된 모양이다. 바스티유는 이미지 뿐 아니라 사방으로 지하철이 시내로 뚫려있어 봄, 가을이면 예외 없이 각종 시위가 끊이질 않는다.

지금은 철도노조가 시위 중이다. 총을 든 경찰이 주위를 에워싼 가운데 노조원들이 피켓을 들고 임금협상을 외치고 있다. 시위라기보다는 기강이 빠진 군대의 경축행사를 보는 것 같다. 얼굴에는 독이 없고 외침에는 기가 빠져 있다. 경찰들은 삼삼오오 모여 있으나 묵묵히 지켜만 볼 따름이다. 더러는 옆 동료와 잡담을 하는 모습도 눈에 뜨인다. 부상자라도 생겨나면 즉각 병원으로 호송하겠지만 그렇지 않고는 개입의사가 없어 보인다.

아니다, 잠시 후 등장한 백여 명의 할머니 시위대는 얼굴에 분노가 이글거리고 있다. 철도노조에 반대하는 시위대이다. 모자를 쓰고, 진주목걸이를 하고, 입술을 빨갛게 칠한 할머니들은 진지하게, 열정적으로 철도 노조원들을 향해 외친다. 너희들이

지하철을 막고 파업을 하면 우리는 어떻게 되는 거냐고, 우리의 권리는 어디에서 찾아야 되는 거냐고 되묻는다.

뒤를 이어 등장한 시위대는 흡연자들이다. 그들의 치켜든 손가락에는 담배가 끼워져 있다. 그들은 담배를 깃발처럼 펄럭이면서 흡연 구역의 확장을 외치고 있다. 여자의 경우 노브라 차림인 듯 유난히 가슴이 출렁거리는 사람도 있다. 시선을 끌기 위함일 것이다.

다시 순서가 된 듯 철도 노조원이 등장하고, 탄력을 받은 할머니 시위대들이 그 뒤를 잇는다. 쉬는 사이 화장을 고친 듯 입술이 더욱 새빨갛다. 흡연자들 또한 휴식시간 동안 담배를 한 대 피운 모양이다. 목소리에 윤기가 돌고 담배를 쳐든 손에 힘이 들어가 있다.

광장의 열기가 하늘을 찌른다. 월드컵 축구경기를 보는 기분이다. 프랑스인들은 시위를 스포츠처럼 생각하는 경향이 있다. 소시얼 스포츠(social sport)라는 말이 실제로도 존재한다. 선수들은 맡은 바 포지션에 충실하고, 관중은 환호를 보내고 있다.

세느강변에 떠 있는 배들이 조용히 밤을 맞을 준비를 한다. 공원 쪽에서는 무명의 연주자가 켜는 바이올린 소리가 들려온다. '집시의 노래' 인가.

바람을 안고 뒹구는 낙엽을 밟으니 가슴 속에 뜻 모를 우수가 고여 든다. 무겁지 않은, 가을 비 같은 우수이다.

- 대한문학 2009 -

질문의 시간

버락 오바마가 미국 최초의 흑인 대통령이 된 지도 1년이 넘었다. 미국의 3억 인구 중 흑인의 비율은 13%에 불과하다. 그런 변방 인물이 '세계의 대통령'이라 할 수 있는 미국의 대통령이 되었으니 만인의 이목이 집중되었음은 당연한 이치이다. 매스컴마다 온갖 '최초'와 '최다'를 붙여 경쟁보도를 하더니 지친 모양이다. 오늘은 색다른 기사가 하나 눈에 뜨인다. 그를 만든 '3대의 여인' 즉, 외할머니와 어머니, 그리고 아내의 이야기이다.

입장에 따라 세 여인을 보는 시각과 관심이 다르겠지만 나는 우선 외할머니인 메들린 페인 던햄을 주목했다.

그녀는 이미 이 세상 사람이 아니다. 외손자가 대통령에 당선되기 바로 전 날 85세의 나이로 눈을 감고 말았다. 나는 그녀를 꿈속에서만 만날 수 있었다. 오히려 편리한 점도 있었다. 살아

있다면 유명세 때문에 나의 초대에 응하지 못했을 테니까. 나는 국화 한 다발을 안기며 그녀를 맞이했다.

"궁금해요."

내가 먼저 입을 열었다.

그녀의 딸은 자유로운 영혼을 가진 저명한 인류학자였다. 아프리카, 동남아시아를 돌며 봉사활동에 참여했고, 인도네시아어, 자바어, 프랑스어를 자유롭게 구사하는 재원이었다. 그런 딸이 대학 재학 중 캐냐에서 유학 온 흑인의 아이를 낳고 미혼모가 되었다.

"실망하지 않았나요? 그 슬픔을 어떻게 극복했나요?"

다음으로 어머니인 스탠리 앤 던햄이다. 그녀는 현재 인도네시아에 있다. 두 번째 결혼한 남편을 따라 간 것이다. 인도네시아는 당연히 오바마를 자랑스럽게 생각하고 있었다. 오바마가 다녔던 학교 담벼락은 당선기사가 실린 신문으로 도배가 되어 있었다. 부지런한 어느 사진작가는 어린 오바마를 안고 활짝 웃는 스탠리의 사진을 붙여 놓고 있었다. 아름다운 모습이었다.

"참으로 궁금해요."

나는 그녀를 향해 입을 열었다.

그녀는 인도네시아에서 아들(오바마)과 함께 사는 동안 새벽

4시에 아들을 깨워 영어를 가르쳤다. 그녀 자신이 책을 손에서 놓지 않는 왕성한 지적 탐구욕의 소유자였던 것이다. 또한 그녀는 아들에게 흑인 인권운동가인 마틴 루터 킹 목사의 연설문을 읽도록 했다. 흑백차별 철폐운동을 펼친 흑인 가수들의 음반을 사 와 들려주기도 했다. 그러나 그녀는 안타깝게도 오바마의 아버지와는 헤어졌다. 오바마의 나이 두 살 때였다. 나는 그녀에게 묻지 않을 수 없었다.

"당신의 사랑은 무엇이었나요?"

이번에는 아내인 미셸 오바마이다. 그녀는 지금 세상에서 가장 바쁘고 행복한 사람이다. 나는 요즘 눈만 뜨면 들려오는 그녀의 소식을 피할 방법이 없다. TV든 신문이든 다투어 그녀의 보도로 혈안이 되어있다. 이른 아침 나는 신문에 실린 그녀의 독사진을 마주하고 앉았다.

"궁금한 게 있답니다."

나는 그녀에게 조용히 말을 건넸다. 오바마와는 출생과 자란 환경이 확연히 다른 여인이다. 시카고 사우스사이드의 침대가 하나밖에 없는 가난한 집에서 태어나 세상의 온갖 불리한 조건을 딛고 프린스턴대와 하버드 로스쿨을 거쳐 변호사로 성공한 여성이다.

오바마는 종종 "모르는 것은 아내에게 물어본다"고 말하고 있다. 그녀는 오바마가 중요한 결정을 내릴 때 가장 많이 의지하는 사람 중의 하나라고도 한다. 나 역시 오바마처럼 모르는 것이 있어 질문하는 것이다.

"당신은 반쪽 흑인인 남편에게서 문화의 차이를 느끼지는 않나요?"

마지막으로 인류학자들에게 질문이 생긴다. 미국에 '꿈이 있다'고 외친 흑인 목사가 있었듯이 다른 나라에도 꿈을 주는 지도자는 많았다. 아프리카의 흑인과 사랑에 빠진 용감한 백인 여성이 미국에 있었듯이 신분을 뛰어넘는 세기의 사랑 또한 어느 시대 어느 국가에서나 있어오지 않았던가. 메들린처럼 흑인 외손자를 명문 사립학교에 보낸 헌신적인 백인 할머니가 미국에만 있는 것은 아니리라. 우리들의 부모 역시 손발이 닳도록 자식을 위해 일생을 바쳐오지 않았던가.

미국에 흑인 대통령이 탄생한 것은 1776년 건국 이후 232년 만이라고 한다. 1865년 노예제도 폐지 이후로는 143년만이다. 1963년 마틴 루터 킹 목사가 '나에겐 꿈이 있다(I have a dream)'는 연설을 한 지 45년 만에 이루어진 일이다.

수 개념도 없는 사람이 이렇게 열심히 숫자를 나열하는 것은

진심으로 궁금한 숫자를 하나 얻기 위함이다. 오바마의 당선을 '미국 민주주의의 진화' 로 보고 건국을 기준으로 232년이 걸렸다면 다른 나라의 경우에는 어떻게 되는 것일까. 인종차별, 이념의 대립, 지역 감정을 적용시켜 유럽 각국, 일본과 중국, 마지막으로 한국의 예상수치를 그래프로 나타낸다면 어떤 모양으로 그려질 수 있을까.

쓰다 보니 나도 참 실없는 사람이라는 생각이 든다. 그런 수치가 왜 갑자기 궁금한가 말이다. 통장확인을 해 보니 이 달도 마이너스 인생이구만.

– 대구수필 2010 –

소쇄원에서 띄우는 편지

K선생님.

오랫동안 뵙지 못했습니다. 건강하신지요.

저는 지금 담양의 소쇄원(瀟灑園)에 와 있습니다. 소쇄원은 조광조의 제자인 양산보의 별서 정원입니다. 15세에 조광조의 문하생이 된 양산보는 기묘사화로 스승이 사약을 받고 죽자 뜻을 접고 고향으로 돌아옵니다. 이곳에서 정원을 짓고 은둔의 삶을 보내다 55세로 생을 마쳤다고 합니다.

선생님.

소쇄원의 입구는 울창한 대밭으로 시작합니다. 이 숲은 490여 년 전 양산보가 소쇄원을 지을 당시부터 있었다고 합니다. 하늘을 찌를 듯이 뻗어 오른 대숲의 안쪽은 깊이를 알 수 없는 굴과 같습니다. 왕대나무 숲을 좌우로 두르고 문득 길 하나가 트여 그 길을 걸어 올라가면 저만치 비탈 위에 끊어진 흙 돌담장 하나가 보입니다. 비로소 소쇄원 전체가 눈에 들어옵니다. 입구에서 주인을 기다리는 대봉대(待鳳臺), 시를 읊고 학문을 토론한 광풍각(光風閣), 사랑채와 서재가 붙은 제월당(霽月堂)이 단아한 모습으로 어우러져 있습니다.

선생님.

저는 이 순간 언어의 한계를 실감합니다. 저는 처음부터 소쇄원의 구조를 낱낱이 말씀드리는 일은 포기해 버렸습니다. 당대의 명 문장가들이 소쇄원에 대해 수많은 찬시를 지었지만 어느 한 편도 그 아름다움을 모두 담아내지는 못했다고 하지요. 저 같은 일개 아낙의 눈에 비치는 소쇄원의 느낌이야 말해 무엇 하겠습니까.

다만 한 가지 놓치고 싶지 않은 것은 있군요. 조선시대 평범한 유생 한 사람이 남긴 정원 하나가 이렇게 오랜 세월, 이토록 많은 사람을 감동시키는 이유는 무엇일까요? 그것은 아마도 자연과 인공의 절묘한 조화가 아닐까 싶습니다. 흔히 말하기를 일본 사람들은 자연을 자기 집 정원으로 가져오고 오고 한국인은 자연을 찾아 자신의 집을 옮겨 간다고 합니다. 우리나라에 누각과 정자문화가 발달한 배경입니다.

소쇄원은 자연의 풍취를 그대로 살리면서 곳곳에 최소한의 인공을 가하여 자연과 인간의 행복한 동행을 연출하는 곳입니다. 소쇄원에 설치된 집과 담장, 대문이 없는 개방공간, 이끼 낀 돌담과 내를 따라 흐르는 물, 댓잎 스치는 소리들은 인간이 자연을 다스리는 것이 아니라 자연과 친밀하게 소통하고 있는 모습입니다.

소쇄원에서는 건물도 사람도 자연의 일부가 됩니다. 나무 한 그루, 꽃 한 포기에도 의미를 부여하여 역할에 맞게 심고 섬깁니다. 대봉대(待鳳臺) 앞에는 벽오동이 있습니다. 봉황은 오동나무에서만 깃을 내린다고 하기 때문입니다. 대나무 열매와 대나무 이슬을 먹고 산다고 하여 주위엔 대나무와 샘도 있습니다.

애양단(愛陽壇) 앞에는 효를 상징하는 동백나무가 서 있고, 돌다리 근처에 가면 살구나무가 위험을 경고합니다. 광풍각은 학문의 공간이기에 주변에 배롱나무를 심었습니다. 양산보의 자연관에는 누구라도 감탄하지 않을 도리가 없습니다. 그는 임종 시 후손들에게 특별한 유언을 남겼다고 하지요.

"이 땅은 절대로 남에게 팔거나 양도하지 말라."

문득 아메리카 원주민의 한 추장이 자신들의 땅을 강제로 사려고 한 미국 대통령에게 보낸 편지가 생각납니다.

"그대들은 어떻게 하늘과 땅을 사고 팔 수 있는가? 그 제안은 우리에게는 너무나 생소하다. 이 땅의 신선한 공기와 물은 우리가 소유하고 있지도 않은데 어떻게 그대들에게 팔 수 있다는 말인가?

……………………………………………………

우리는 이 땅의 한 부분이며 땅 또한 우리의 일부이다. 향기나는 꽃은 우리의 자매이고 곰과 사슴과 독수리는 우리의 형제다. 바위, 수풀, 조랑말, 사람은 모두 한 가족이다. 시내와 강을 흘러내리는 물은 단순히 물이 아니다. 졸졸 흐르는 물소리는 내 아버지의 아버지의 목소리다. 우리 조상의 피다."

……………………………………………………

편지를 읽은 대통령은 크게 감동한 나머지 그 지역을 추장의 이름을 따서 '시애틀(Seatle)'로 부르도록 했다는군요.

선생님.

참으로 어려운 글자 소쇄(瀟灑)는 '티끌 하나 없이 맑고 깨끗하다'는 뜻이라지요. 그런데 왜 하필 양산보는 대나무 숲을 소쇄원의 입구로 삼았을까요? 혹여 대나무의 '곧음과 비움'을 소쇄의 근본으로 삼으라는 뜻은 아니었을까요? 곧음은 선비의 강직한 절개이고 비움은 넉넉한 여유가 될 터이지요?

비가 오려는 지 대숲이 심하게 흔들립니다. 낙엽도 아닌 것이

검불도 아닌 것이 바람에 날리기 시작하는군요. 저는 처음에 그것이 댓잎인 줄 알았습니다. 그러나 자세히 보니 대나무의 햇대가 껍질을 밀어내고 있었습니다. 비 머금은 바람에 대나무들이 일제히 옷을 훌훌 벗고 있는 겁니다. 스승을 기려 명예도 지위도 벗어던진 청빈한 선비를 보는 듯합니다. 선비들도 저렇게 제 살을 깎아가며 속을 비워내고 있었을까요.

선생님.

날이 저물어 이제는 집으로 돌아가려 합니다. 구름의 움직임을 보니 비가 정말 오려나 봅니다. 비 내리는 소쇄원에는 세 가지의 소리가 있다고 하지요. 그 하나는 정원 안 계곡을 흐르는 물소리이고, 또 하나는 처마 끝에서 떨어지는 낙숫물소리, 그리고 왕대의 숲에 후드기는 빗소리입니다. 여기에 저는 하나를 더 욕심내어 비 오는 날 왕대의 숲을 건드리는 대숲바람을 보태고 싶군요.

다음에는 비 내리는 소쇄원 소식을 전하겠습니다. 안녕히.

– 영남문학 2010 –

누룽지탕

식당에서 메뉴판을 보니 〈누룽지탕〉이라는 게 나와 있다. 솥바닥에 눌러 붙은 밥 누룽지에 물을 부어 끓인 것이다. 밥에 신분을 부여한다면 하층 계급일 터인데 버젓이 특별메뉴로 나와 있다. 값도 비싸다. 삼천원이다. 공기 밥 한 그릇이 천원인데 비슷한 양의 누룽지탕이 삼천원이나 하는 셈이다.

새댁이었을 때 팔순의 시할머니는 종종 누룽지탕을 끓이라고 말씀하셨다. 당시 나는 이십대 초반으로서 신혼살림으로 준비해 간 전기밥솥을 쓰고 있었다. 전기밥솥에는 누룽지 자체가 아예 없다. 누룽지도 없는데 어떻게 누룽지탕을?

요리책을 뒤져 보고 법석을 떤 끝에 터득한 누룽지탕은 한 마디로 성한 밥으로 장난치는 음식이었다. 멀쩡한 밥을 임의로 후

라이팬에 눋게 해서 다시 물을 부어 오랜 시간 죽처럼 뭉근하게 끓이는 것이었다. 물과 누룽지가 서로 합일하도록 기다리는 사이 나는 무엇을 생각했던가. 이토록 많은 시간과 공을 들여 떡도 아니고 약식도 아닌 누룽지탕을 만들다니!

손주 며느리는 커녕 며느리도 못 본 내가 누룽지탕을 먹고 있다. 큰 솥에 한꺼번에 많이 넣고 끓여서인지 구수하고 깊은 맛이 있다. 스트레스와 불면으로 혹사당한 위 속이 일시에 풀리면서 편안해진다.

부지런히 숟가락을 놀리다 갑자기 목이 뜨거워진다. 노환으로 치아와 소화기능이 약한 할머니에게는 그 어떤 맛나고 비싼 음식보다 누룽지탕이 유일한 생존 수단이 아니었을까. 손주 며느리의 이해 부족과 서툰 솜씨로 끓인 누룽지탕이 실은 제 맛조차 내지 못했을 거라는 생각은 왜 이제 와서야 드는 것일까. 할머니는 돌아가시고 없는데.

– 대한문학 2010 –

겨울

겨울

Winter

발

신문을 보니 미수(88세)를 맞은 할머니가 중환자실에 있는 남편을 위해 발장갑을 뜨고 있는 사진이 나와 있다. 남편의 발이 하루하루 차가워져가는 것이 안타까워 뜨개질을 시작했다고 한다. 할머니의 연세 또한 가볍지 않으신 데 대단하다는 생각이 들었다. 주름 가득한 얼굴에 돋보기를 걸치고 남편을 위해 한 코씩 힘들게 뜨개질에 몰두하는 모습을 보니 마음이 짠하다.

에스키모인들의 풍습 하나를 떠올린다. 그들의 신발은 장화이다. 추운 지방에서 발을 보호하기 위해 만든 그 폐쇄성 신발은 발목을 감싸는 것이 특징이다. 특히 해변이나 빙설(氷雪), 진흙, 모래땅에서 매몰되거나 미끄러지는 것을 방지하기 위해 만든 것이라 벗기가 불편하다.

일터에서 돌아온 남편의 발을 구두 속에서 뽑아내는 것은 아내의 몫이다. 하루 종일 빙하의 날씨에 혹사당한 발은 얼었다 녹기를 되풀이하는 동안 물 먹은 나무토막이 되어 있다. 아내는 구두에서 뽑은 발을 씻기고 닦아서 젖가슴에 품는다. 남편의 편안한 숙면을 위해 자신의 체온으로 발을 덥혀주는 것이다.

우리나라에도 발에 얽힌 아름다운 이야기가 있다. 10여 년 전 23개 언어로 발행되는 내셔널 지오그래픽은 16세기 조선시대에 만들어진 짚신 한 켤레를 소개했다. 경북 안동에서 택지를 개발하기 위해 선조의 묘를 이장하는 과정에서 남자 미이라와 함께 머리카락으로 삼은 짚신 한 켤레가 발굴된 것이다.

남편이 요절하자 아내가 자신의 머리카락을 잘라내어 짚신 한 켤레를 삼아 관속에 넣었다. 현대의 남녀평등 사상에 비춰볼 때 과연 여인에게 그토록 헌신적인 사랑을 강조하는 것이 옳으냐 그르냐는 별도로 치자. 문제는 사랑의 징표로서 머리카락으로 신발을 삼았다는 사실이다. 그녀는 왜 하필 신발을 만들었을까. 오랫동안 병석에 누워 있는 남편을 두고 그녀는 왜 유독 남편의 발을 걱정한 것일까.

혹자는 이 사실을 철학적 혹은 상징적으로 접근하고 싶어하지만 나는 반대다. 사랑은 그렇게 복잡하거나 모호한 것이 아니다. 특히 부부지간에 있어서는. 사랑은 보다 단순하고 구체적이다. 아마도 남편의 수면 때문이었으리라. 인간은 몸이 편치 않으면 발이 편치 못하고, 발이 편치 못하면 잠을 이룰 수가 없게 되어 있다. 발은 신체의 온갖 경락과 연결되어 있기 때문이다.

투병 중에도 그녀는 남편의 발을 다스렸으리라 짐작한다. 주무르기도 하고 쓰다듬기도 하고 부비기도 하고 품기도 하고 간간히 지긋이 눌러 막힌 혈을 통하게도 했으리라. 남편은 아내의 손에 의해 잠시나마 병마의 고통에서 벗어나 편안한 잠에 빠져들곤 했을 것이다. 죽어서도 함께 묻은 짚신을 아내의 손길로 알고 편히 주무시라는 뜻이 아니었을까.

지난 겨울에는 비행기 안에서 재미있는 광경을 목격했다. 영어가 짧은 내가 어렴풋이 알아듣기로 한국의 농촌 신랑과 필리핀 신부인 듯하였다. 신부가 신랑을 거부하여 고국으로 도망간 것을 신랑이 간곡하게 설득하여 데리고 오는 중이었다. 결혼 초기인 듯 신랑은 영어를 모르고 신부는 한국말이 서툴렀다. 필리핀 신부가 영어로 '다다다' 불평을 말하면 한국 신랑이 내용을 짐작하여 '웅얼웅얼' 한국말로 달래는 식이었다. 신부의 영어는 신랑에게 통하지 않고 신랑의 한국어는 신부를 설득하지 못했다. 두 사람 다 대화가 되지 않는 상태에서 말하다가 화내다가 결국은 한숨 쉬는 순간이 여러 번 반복되었다.

신부가 지친 듯 눈을 감고 잠을 청하기 시작했다. 신랑이 조용히 신부의 구두를 벗겼다. 자신의 무릎 위에 신부의 발을 올려놓더니 천천히, 애정을 가지고 발 지압을 시작하는 것이 아닌가. 모른 척 잠을 청하는 신부나 지압에 몰두해 있는 신랑에게 더 이상 말은 필요치 않아 보였다.

나 역시 사랑이 몸으로 완성됨을 안 것은 삶의 현장에서 터득한 수확이다. 삶은 걷거나 달리거나 아니면 마라톤이다. 발로 시작하여 발로 뛰다가 발로서 끝을 맺는다. 전쟁으로 치면 발은 전투부대의 선봉대인 셈이다. 발은 내 것이되 내 것이 아니고 내 것이 아닌 줄 알지만 결국은 내 것이다.

발은 신체의 마지막이다. 얼굴에 앞서 발부터 먼저 씻는 사람도 없을 뿐 아니라 낯선 사람과 인사할 때도 손을 내밀지 발을 먼저 내는 풍습은 없다. 남편에게 피곤한 발을 맡길 수도 있지만 어려운 자리에 맨발을 함부로 내놓아서는 안 된다. 언제나 묵묵히 가장 낮은 곳에서 몸의 무게를 감당하고 이동하는 수고를 담당하는 것이 발이다. 예수가 제자의 발에 입 맞추는 것도 당신의 낮은 곳을 경애한다는 뜻이 아니던가.

나도 이제 누구든 만나면 발의 안부도 좀 물어야겠다. 잘 지내시죠? 당신의 발도 편안하신가요?

나의 발도 나 스스로 경외심을 갖고 다스려야겠다. 경락마다 문안 인사하듯 아침, 저녁 꾹꾹 눌러주고, 부비고 주무르고 두드려서 발바닥까지 시원하게 풀어 주리라. 밤이면 따뜻한 물에 발을 담그고 하루의 수고에 대해 경의를 표하리라.

미수를 맞은 할머니의 발은 어떻게 할까.
차가워지는 할아버지의 발을 위해 뜨개질에 몰두하고 있는 할머니의 메마른 발은 누가 있어 피가 돌게 만져드릴까.

- 선수필 2010 -

문(門)

엘리베이터 앞에서 게시판을 보니 아파트의 정문을 없앤다는 공고가 붙어있다. 몇 년 전부터 무슨 유행처럼 학교를 비롯해서 경찰서, 병원 같은 공공건물의 문이 없어지기 시작하더니 이제는 아파트에도 적용이 되려나 보다. 우리 아파트같이 낡은 집들은 시에서 절반씩이나 경비보조도 해 준다는 것을 보면 그 일이 시의 지원 사업이기도 한 모양이다.

문이 사람에게 얼마나 큰 경계가 되는 지는 어렵지 않게 짐작할 수 있는 일이다. 나는 한 러시아 영화에서 재미나는 장면을 본 적이 있다. 여주인공을 탐내는 엉큼한 남자가 어느 날 여자 혼자 있는 시간에 찾아와서 대문을 열어달라고 유혹한다. 문은 남자의 주먹 한 방이면 무너지게 허술하고 마음만 먹으면 손을 안으로 뻗어 얼마든지 딸 수도 있다. 그러나 남자는 그렇게 하지 못한다. 마당 안까지 훤히 들여다보이는 대문 앞에 서서 문을 열

라느니 안 된다느니 실랑이를 하다가 결국은 여주인공으로부터 양동이채로 물세례를 받고야 만다. 문이 가진 위력이다.

반대의 경우도 있다. 결혼 초기 시집살이에 회의(懷疑)가 와서 일탈을 시도했을 때이다. 대책 없이 집을 나온 나는 무작정 시외버스 터미널로 가 버스를 탔다. 선암사 행이었다. 계획이 있었던 것은 물론 아니었다. 나의 반란을 몰랐을 남편이 뒤쫓아 올 리도 없건만 가장 빨리, 가장 멀리 갈 수 있는 버스를 탄 것이 호남고속도로 행이었던 것이다. 선암사에서 스님과 나눈 대화도 단 한 마디 뿐이었다.

"스님. 해우소가 어디인가요?"

초록색 바탕 표지판에 '깐 뒤' 라고 쓰인 해우소는 충격이었다. 우에서 좌로 읽어 '뒤깐' 이 될 터이지만 앞면 6칸에 옆면 4칸이니 어지간한 집 한 채 규모이다. 이상한 것은 도대체 칸 마다 문짝이 없지 않은가. 좌측 남자용, 우측 여자용으로만 칸막이가 겨우 쳐져 있을 뿐이다.

용변이 급한 나는 문짝도 없는 화장실에 앉아 치마를 걷었다. 나는 당시 지독한 변비에 시달리고 있었다. 스트레스성이었다. 왕이나 임금이 뒤를 보면 '변' 이라 하지 않고 매화(梅花)라 부른다고 하지. 여왕이나 황후의 문은 '옥문(玉門)' 이라 한다고 배웠다. 내려다보니 동굴 같은 측간 통에 매화가 수북한데 닦고 버린 휴지들이 흰 꽃을 피웠다. 깊이는 또 얼마나 깊은 지 한겨울 찬 바람이 사정없이 나의 옥문을 때린다.

쭈그리고 앉아 변을 보며 바깥으로 얼굴을 내민다. 누구의 도끼질인지 반쯤 속을 파 먹힌 소나무가 제 몸무게를 이기지 못하고 해우소 쪽으로 기울어져 있다. 패잔병처럼 몸을 숙여 안으로 향해 있는 모습이 영락없는 나의 꼴이 아닌가.

겨울나무 뿌리들이 차가운 땅위로 그 몸을 드러내니 작은 벌레들은 저희들끼리 무리를 지어 뿌리 위를 기어 다닌다. 바람에 날리는 낙엽들은 부스럭대며 나를 힐끔거리는데 기와를 타고 내린 물줄기 또한 연신 나의 해우(解憂)를 곁눈질한다.

무엇이 내 몸의 매듭을 풀었는 지는 정확하게 알 수 없다. 도시의 닫힌 화장실에서 변비와 씨름하다가 밖이 환히 보이는 곳에 오니 몸까지 열린 것일까. 가려줄 문이 없어 다 보고 다 보여주고 나니까 마음이 편안해진 걸까. 나는 모처럼 문짝 없는 해우소(解憂所)에서 시원하게 볼 일을 보았다. 삶에서 오는 분노, 갈등, 설움의 모든 것이 내 몸 속에서 심하게 용트림하더니 전쟁을 치르듯 한꺼번에 왈칵 쏟아지는 것이었다.

나는 한바탕 소나기를 맞은 것처럼 상쾌한 얼굴로 귀가했다. 기껏 용변 보러 선암사까지 갔더냐고 남편이 놀렸지만 나는 입을 닫았다. 배설하지 못하는 근심을 뜻하지 않은 곳에서 해결하게 된 행운을 어떻게 설명할까. 문이란 때로 '없음' 으로 인하여 제 기능을 하는 것인 지도 모른다.

이번에는 뜻밖의 장소에서 뜻밖의 문을 만났다. 병원에서다. 지금 노인요양병원에는 시어머니가 입원해 계신다. 94세다. 항문 수축 기능이 저하되어 시간마다 기저귀를 갈아야한다. 어머니는 매번 노여움이 심하다. 구린내가 진동을 하는 데도 이불 자체를 들추지 못하게 힘주어 거부한다. 워낙 깔끔하고 자존심 강한 어른이라 자신의 아랫도리를 보이기 싫은 것이다. 베개를 집어던지는가 하면 나의 팔을 사정없이 꼬집어 비틀어대기도 한다.

나 또한 만만치 않은 며느리다. 어머니에게서 예사롭지 않은 기운을 눈치챘다 하면 가차 없이 이불을 확 걷어낸다. 간병 기간이 길어짐에 따라 요령이 생긴 것이다. 보호자가 환자에게 끌려다니면 되는 일이 없다. 어리광은 날이 갈수록 늘고 병원 측에도 눈치가 여간 보이는 것이 아니다.

어머니도 민망한 듯 거부를 포기한다. 수줍은 듯이 몸을 조금 웅크리기만 할 뿐 순순히 나의 손길에 따른다. 나 역시 한결 누그러져 조심조심 아랫도리를 다루다가 …, 보고야 말았다.

내 아이의 아버지와 형제들이 열고 나온 그 아름다운 문을.

한때는 창조와 축복의 표상이었던 그 거룩한 문을.

이제는 낡고 무너져 내려 앉아 잊힌 우물의 입구가 되어 버린 그 쓸쓸한 문을.

정리가 끝나고 파우더를 두드리니 문과 주변이 향긋하다. 세상을 향해 온 몸의 뼈를 열어 인류의 시작을 알린 문이 아니던가. 나와 내 어머니와 내 어머니의 어머니들이 기꺼이 열었던 숭고한 문이다. 세상의 모든 잘 나고 못 난 사람들도, 문화도 학문도 예술도 모두 그 문으로부터 나오지 않았던가.

기저귀를 갈고 이불을 덮으며 한 줌 밖에 안 되는 '우리 어머니'를 지긋이 껴안는다. 내 남편의 문이 되어준 분에 대한 진심어린 경애의 표시이다. 여인이어서 고맙고 그를 낳아준 여인이어서 더욱 고맙다.

때늦은 나의 깨침이 어머니의 마음을 움직인 것일까. 말문마저 닫힌 창백한 입술이 희미하게 두어 번 달싹인다.

배열의 힘

명절 선물로 굴비가 몇 마리 들어왔다.

굴비를 보니 제일 먼저 시어머니가 생각난다. 지금은 요양병원에서 죽만 드시는 시어머니는 유난히 굴비를 좋아하셔서 선물로 받으면 신문지에 싸서 신주단지처럼 보관하셨다. 자식들이 안타까워서 "1년 내내 사 드릴 테니까 편하게 좀 드시라"고 말씀드리면 "미쳤냐. 벌 받을 일 있냐"하며 화를 내셨다. 그 세대는 무엇이든 아끼는 습관이 몸에 배어서 좋은 것일수록 아끼지 않으면 죄가 된다고 생각하는 것이었다. '복은 눌러가며 살아야 한다' 는 것이 시어머니의 철칙이었다.

가끔씩 며느리인 나에게 두어 마리 나누어 주실 때도 있었다. 나는 팔을 크게 저으며 사양을 했다. 시어머니처럼 굴비에 대한 특별한 이해도, 애착도 없을 뿐더러 조기를 말리느라 조금 수고한 것에 몇 배씩이나 비싼 값을 물리는 데 대한 반감도 없지 않았다. 어머니의 굴비에 대한 애착 역시 단지 값이 비싸기 때문인지 실제로 비싼 만큼 조기보다 맛있다고 생각하시는 것인 지도 나로서는 의문이었다.

"저희는 생조기가 더 맛있어요, 어머니."

나는 도망치듯 굴비를 도로 놓고 빠져나오곤 했다. 친정어머니께 지나가는 말로 그 얘기를 하면, '몇 마리 얻어 와서 너도 먹지' 하시는 걸 보아 조기보다는 굴비가 귀한 음식이긴 한 모양이었다.

굴비를 보면 신유사옥 당시 흑산도로 유배 갔던 손암 정약전 선생이 떠오른다. 선생이 어느 날 바닷가를 거닐다 보니 죽은 물고기가 도처에 쌓여 있었다. 이유를 물으니 보관할 방법이 없어 썩어나가고 있는 것이었다. 굶어 죽는 사람이 널려있던 시절이었다.

백성들의 무지에 통탄한 선생은 나무를 엮어 건조시키는 법을 가르쳐 주었다. 또한 말린 생선을 대궐에 팔 수 있게 주선하여 흑산도는 금새 부자가 되었다. 수라간에서는 겨울철 대비로 가공된 생선을 한꺼번에 구입했던 것이다.

'힘보다 지혜를 쓰라' 는 말이 이를 두고 한 말일 것이다. 선생은 15년 유배생활 동안 흑산도 근해의 수산생물을 조사하고 채

집하여 총 3권의 「자산어보」를 만들었다. 수산동식물 155종에 대한 각 종류의 명칭, 분포, 형태, 습성 및 이용에 관한 사실을 상세하게 기록한 것이다. 자산(玆山)은 지금의 흑산(黑山)이다.

선생이 숨을 거두었을 때 백성들의 무지는 또 한 번 혀를 차게 했다. 사망 소식을 들은 자식들이 황급히 도착한 곳은 흑산도의 허름한 주막이었다. 이름 없는 촌부가 선생의 마지막을 지켰기 때문이다. 자식들이 통곡하다가 문득 사방을 둘러보니 벽지에 아버지의 글씨가 보이는 것이 아닌가. 글을 모르는 촌부가 종이가 귀한 김에 선생이 써놓은 「자산어보」를 찢어 벽을 발랐던 것이다. 우리나라 최초의 수산학 연구서로 도배를 한 셈이다. 이를 자식들이 잘 수습하여 우리나라에서 가장 오래된 어류연구서로 보관한 사실은 후손들에게 많은 것을 깨닫게 하는 대목이다.

그것은 배열의 힘이 아닐까. 석탄과 다이아몬드는 분자가 같은 탄소지만 배열이 다를 뿐이라고 한다. 이는 곧 분자가 같은 탄소라도 배열에 따라 석탄이 되기도 하고, 다이아몬드가 되기도 한다는 의미이다. 같은 조기라도 버려두면 썩은 물고기가 되는 것이요, 잘 말려서 상품으로 가꾸면 겨울철 요긴하게 쓰는 굴비가 되는 이치이다. 반대의 경우도 있을 것이다. 한국 최초의 수산학연구서가 허름한 주막의 벽지로 사용되기도 하지 않았는가.

굴비 몇 마리를 놓고 상념에 잠기다보니 어느새 밖이 어두워져 온다. 저녁 때가 된 모양이다. 시어머니가 죽을 드신다고 해서 굴비를 못 잡숫는다는 법은 없으리라. 두어 마리 촉촉하게 구워 병원에 가져가고, 친정에도 몇 마리 들고 가면 좋을 것이다. 오늘 저녁 밥반찬으로도 한 마리 구워 볼까나.

식탁 위에 풀어놓고 이렇게 저렇게 구분을 짓다보니 '배열의 힘' 이 새삼 느껴진다. 생조기라면 이렇게 장시간 궁리에 잠기겠는가.

- 한국수필 2010 -

아무도 모른다

'웰 빙'에 이어 '웰 다잉'을 우리 사회에 화두로 던진 사람은 서울에 사는 78세의 김할머니이다. 할머니는 폐렴 증세로 종합병원에 입원해 폐 조직 검사를 받던 중 식물인간 상태에 빠지게 되었다. 병원 측에서는 즉각 인공호흡기를 장착했으나 가족들은 이를 제거해 달라고 소송을 냈다. 환자가 평소 남에게 폐 끼치기 싫어하는 깔끔한 성격인 데다 앞서 심근경색을 앓던 남편의 연명치료를 반대한 점을 들어 그 뜻을 추정한 것이다.

내가 이 사안에 관심을 갖게 된 것은 시어머니 때문이다. 어머니는 올해 94세이고, 지난 주 중환자실로 옮겨졌다. MRI 판독 결과 의사는 환자의 뇌가 80% 이상 손상 되었으며 회생은 불가능하다고 한다. 눈은 떴으나 아무도 못 알아보고 대·소변은 물론 정상적인 식사도 불가능한 상태다. 혼수(昏睡)가 온 것이다.

황황히 달려온 자식들이 병원 휴게실에 모였다. 급한 대로 인공호흡기 문제부터 거론하기 시작한다. 중환자실에서 주치의가 오늘 밤이라도 당장 위급 상황이 오면 인공호흡기를 달아야한다고 말했기 때문이다. 인공호흡기를 단 후에는 임의적으로 떼어내는 것이 불가능하다. 소송절차를 밟은 후 제거해도 좋다는 판결이 있어야 가능해진다.

의논의 핵심은 '환자의 뜻을 추정' 하는 일이다. 어머니의 성격, 자존심, 죽음에 대한 말씀들이 거론되었다.

6.25 전쟁을 몸으로 겪은 어머니였다. 가문과 자식을 위해서라면 죽음 앞에서도 눈 하나 까딱 않을 여장부였다. 며느리들 사이에는 '대비마마' 라 불릴 정도로 주장이 확실하고 당당했던 어른이었다.

그러나 이번에는 경우가 달랐다. 지극히 인간적이며 사적인 문제였다. 어머니 역시 평소 죽음에 대해 말씀하실 때 지금과 같은 상황이 오리라고는 생각조차 해 본 적이 없지 않았을까. 죽음은 그렇게 누구에게나 낯선 얼굴로 낯선 길을 통해 오는 것인지도 모른다.

뜬금없이 사소한 기억 하나가 되살아난다. 어머니가 팔순 때의 일이었다. 인간의 수명에 관한 이야기가 나온 김에 내가 어느 책에서 읽은 연구 결과를 말씀드렸던 적이 있었다. 그 책에서는 인간이 죽을 때까지 아무런 질병이나 사고가 없다면 125세까지 살 수 있다고 밝혔던 것이다.

어머니의 반응은 놀라웠다. 어머니는 마치 이 세상에서 가장 껴안고 싶은 새로운 진리 하나를 선물 받은 것처럼 보였다. 그 진리는 어머니를 염두에 두고 하늘에서 금방 떨어진 것 같았다.

어머니는 술, 담배도 안 할 뿐 아니라 커피나 콜라도 입에 대지 않았다. 혈압도 높지 않고 당뇨도 없었다. 콜레스테롤 수치도 정상이며 변비조차도 없었다. 모든 조건이 완벽했고, 새로운 진리에 적절하게 부합되었다. 어머니는 틈만 나면 친구나 친지들에게 125세를 화제에 올렸다. "과학자들이 말하기를 …. "을 추가하여 신빙성을 높이고 싶어했다.

또 다른 기억 하나가 앞의 기억을 밀어낸다. 90세가 넘도록 검버섯 하나 없이 깨끗한 어머니의 얼굴이다. 유난히 깔끔하고 자신을 가꾸는 일에 정성을 쏟았던 어른이었다. 입원 전 날까지만 해도 이마에 마사지용 오이 두 쪽이 붙어있던 노인네가 아니던가.

외식할 때면 엘리자베스 여왕처럼 창 넓은 모자를 쓰고, 망사장갑에 자주색 스타킹을 신던 어른이었다. 잘 생기고 똑똑한 아이가 집안의 자랑이라면 산신령처럼 당당하고 멋있는 노인은 집안의 자부심이라고 주장하던 사람이었다.

이제 그 자부심은 흔적조차 찾을 수 없게 되었다. 늙고 병든 몸을 남에게 맡긴 채 기본적인 생존까지도 의학에 의존하는 현 상태를 어머니 자신은 어떻게 생각할까.

늦은 밤. 병원에서 나온 자식들은 술집으로 향한다. 인공호흡기를 달지 않기로 한 오늘의 결정에 이의를 다는 사람은 아무도 없다. 먼지를 머금은 겨울 칼바람만이 못난 자식들의 울적한 마음을 훑고 지나갈 뿐이다. 한 줌으로 줄어든 어머니의 몸무게가 자꾸만 눈에 밟힌다. 끊임없는 상념이 꼬리를 물고 텅 빈 마음을 어지럽힌다.

어느 해 동짓날이었던가, 팥죽을 먹으면서 TV를 보다 어머니와 나누었던 이야기가 있었다. 천국을 떠들고 다니는 소문난 광신도에게 이웃에 사는 사람이,

"천국이 그렇게 좋으면 지금이라도 당장 저승으로 가시는 게 어때요?"

하고 물으니 그 신도 정색을 하며 하는 대답이,

"무슨 말씀을. 저는 그래도 말똥이 굴러다니는 이승이 좋습니다요."

길 - 연인

어머니는 그 때 무어라 말씀하셨던가. 나는 그 때 무어라 말씀드렸던가.

아무리 생각해 봐도 지금은 기억이 안 난다. 그저 남의 일처럼 웃어넘기고 말았던 것 같다.

내가 만약 아까 병실을 나올 때 인공호흡기에 대해 어머니께 여쭈었다면 어떻게 대답하셨을까. 지금이라도 당장 끼우라고 호통을 쳤을까. 너희들이 내 마음을 헤아려줘서 고맙다고 칭찬을 했을까.

의식이 없으니 대답 또한 없을 터이다. 어머니의 마음 속 답변이 무엇이 될 지는 아무도 모를 일이다.

- 문예운동 2010 -

겨울 정경

올 겨울 한반도는 말 그대로 얼어붙었다. 서울의 기온은 영하 15도까지 내려갔고, 철원은 영하 27도까지 곤두박질쳤다. 지구 온난화로 북극의 기온이 10도 정도 오르면서 시베리아의 찬 공기와 눈덩어리가 한반도 쪽으로 밀려온 것이다. 여름철 국지성 폭우에 이어 이제는 겨울철 폭설과 한파가 한반도를 위협하고 있다.

옛부터 우리나라의 겨울에는 삼한사온(三寒四溫)이라는 아름다운 말이 있었다. 사흘 동안 춥고 나면 나흘간은 따뜻하게 보낼 수 있다는 것이다. 그 추운 사흘 동안 이 땅의 나쁜 병균들은 모두 죽고 따뜻한 나흘 동안을 맞아 땅 속의 모든 생명이 봄을 준비하는 시간을 갖는다. 사흘 동안 병균의 시간과 다시 나흘 동안 생명의 시간이 몇 번 흐른 뒤 소설(小雪), 대설(大雪)을 거쳐 입춘을 맞는다.

사람들도 겨울이라고 해서 웅크리고만 있지 않았다. 아이들은 강 위에서 스케이트나 썰매를 타고 놀고, 어른들은 얼음을 깨고 낚시를 즐겼다. 가난한 연인들은 꽁꽁 언 강 위를 손을 잡고 걷기를 좋아하여 이들을 본 경찰은 몇 번이고 주머니 속에서 호각을 만지작거렸다.

밤에는 주로 새끼를 꼬거나 화롯불에 둘러앉아 이야기꽃을 피웠지만, 농민운동에 몰두한 전봉준 같은 이는 사발통문을 돌리느라 조금 더 바빴다. 세종대왕은 연구에 지쳐 잠들어 있는 집현전 학사에게 용포를 덮어 주었다. 황진이는 한숨 쉬며 임 그리는 시조를 읊었다.

동짓달 기나긴 밤을 한 허리를 베어내어
춘풍 이불 아래 서리서리 넣었다가
님 오신 날 밤이어든 굽이굽이 펴리라.

21세기를 사는 나는 어느 해 좀 특별한 겨울을 보냈다. 남편이 갑자기 토혈을 하여 밤중에 응급실에 실려간 것이다. CT 촬영에서 악성종양이 발견되었다. 언제부터 그것이 그의 몸에 들어왔는지 알 수 없는 일이었다. 물어보지도 않고 주인도 모르게 슬그머니 침범하여 이미 여러 부위로 전이된 상태였다.

나는 졸지에 지뢰를 밟은 사람이 되었다. 비탄에 젖어 울음을 터뜨리며 어찌할 바를 몰랐다. 내 나이 삼십대 중반이었다.

의사가 오더니 종양의 원 발생지를 찾아야 한다고 말했다. 나는 그 말이 무슨 뜻인지조차 못 알아들었다. 잉카문명도 아니고 그리스문화도 아닌 질병을 두고 무슨 원 발생지를? 남편과 의사의 얼굴을 번갈아 바라보다가 다시 의사의 입을 주시했다.

"맨 처음 암이 어디에서 발생하여 다른 부위로 전이되었는가를 알아보는 겁니다. 그 후에 수술 여부를 결정하게 됩니다."

그 겨울 동안 나는 매일 수십 가지의 굴욕적인 결정을 놓고 갈등했다. 남한산성에서 청나라 황제에게 세 번 절하고 아홉 번 조아리는 인조만 어찌 굴욕일까. 선량한 시민, 병든 남편을 둔 죄 없는 아내의 삶도 굴욕이었다.

무엇보다 나는 남편의 병명에 동의할 수 없었다. 악성종양이라니. 그는 전혀 악성스럽지 않은 사람이었다. 건전하고 정직하며 성실하기 이를 데 없는 사람이었다. 부모한테 효도하고 아내 사랑하며 자식 귀하게 여기는 모범 가장이었다. 잘못이라야 기껏 친구 좋고 술 좋아서 퇴근 후 더러 제 때 귀가 못한 정도였다. 술값 계산할 때 주인의 실수로 삼만원이나 덕 봤다고 삼억짜리 복권이라도 당첨된 것처럼 기뻐하던 소박한 사람이었다. 그 자신도 납득이 안 되는지 어느 날 내게 물어보는 것이었다.

"내가 그렇게 나쁜 사람이었을까? 당신도 그렇게 생각해?"

비발디(Vivaldi)는 그의 〈사계(四季)〉에서 겨울 정경을 '난롯가에 앉아 여유롭게 빗방울 소리를 즐기는 것'으로 표현하고 있다. 비올라가 저음으로 푸근한 겨울 장면을 배경으로 깔면 바이올린이 피치카토로 투명한 빗방울 소리를 낸다. 창밖에는 차가운 겨울비가 내리지만 집안에서는 따스한 난롯가에 온 가족이 둘러 앉아 있다. 여유로운 모습으로 떨어지는 빗방울 소리를 즐기고 있는 풍경이다.

남편은 생전에 〈2악장〉을 들으면서 중얼거리곤 했었다.

"한 폭의 그림을 보는 것 같군.

우리 인생이 이렇게 평화롭기만 하다면 얼마나 좋을까."

창을 연다. 거짓말처럼 겨울 단비가 내리고 있다. 추적추적 내리는 비를 보며 상념에 잠긴다. 남편의 수술을 맡았던 의사가 하던 말이 생각난다. 젊은 시절, 처음 의사가 되었을 때는 인간의 생명이 의사의 손에 달린 줄 알았다고 했다. 그러나 그것이 오만임을 알았을 때 오히려 희망을 보았다는 것이었다. 인간의 생명이 인간에 속하지 않은 것이 얼마나 큰 위안인지 이해했노라고 그는 말했다.

그렇더라도 우리는 늘 인간에게서 희망을 기대하는 것이 아닐까. 깊은 혜안으로 끊임없이 인간의 생명을 고민하는 의사가 그러하고, 아름다운 사계절을 음악으로 선사한 비발디가 그러하다. 세종대왕의 용포도 황진이의 이불도 인간의 희망임에는 틀림없다.

멀리 희끗희끗 눈 덮인 야산이 손에 잡힐 듯 가까이 다가와 있다. 진작부터 내리던 비가 나 모르는 사이 산을 당겨다 놓았던 모양이다. 겨울비는 겨울의 끝을 알리는 비라 하던가. 이 비가 끝나면 눈치 빠른 봄이 성큼 다가올 것이다.

– 수필세계 2010 –

주(主)와 부(副) 사이

오늘 나는 참 맛있는 비지찌개를 먹었다. 충주의 한 허름한 식당에서였는데 메뉴라고는 두부찌개와 비지찌개 달랑 두 가지 뿐이다.

평상에 앉아 주인 여자가 직접 만들어 꺼내는 김 오르는 두부와 비지를 보다보면 어느 것을 먹어야 할 지 고민에 잠기게 된다.

친구와 나는 제법 인격과 교양을 갖춘 지성인들이지만 두부와 비지를 골고루 맛보는 방법을 합의하기가 쉽지 않다. 찌개는 2인분 기준이라 문제는 더욱 심각하다. 우리는 똑 같이 두 가지를 골고루 맛보고 싶은 사람들이긴 하나 그 중에서 꼭 하나를 선택해야 한다면 친구는 두부에, 나는 비지에 무게를 두고 있다.

우리가 만일 경쟁 국가의 원수들이고 끝까지 타협하지 못한다면 역사는 또 하나의 전쟁을 기록할 런지도 모를 일이다. 그것은 아마도 〈두부전쟁〉이 되지 않을까. 다행히도 우리는 현명했다. 비지찌개 2인분에 날두부 한 접시를 시킨 것이다.

그 비지찌개에는 우선 고기가 들어가지 않았다. 조미료도 물론 쓰지 않았다. 갓 꺼낸 비지 맛을 최대한으로 살릴 수 있는 최소한의 양념과 야채만을 사용했을 뿐이었다. 우리는 허겁지겁 비지를 퍼 먹는데 열중했다. 간이 짜지 않고 삼삼하여 먹다 보니 밥 보다 비지를 더 많이 먹어 주식과 부식이 바뀐 꼴이 되었다.

"있잖아, 내가 새댁이었을 때 …."

반쯤 먹고 난 후 정신을 차린 내가 말을 꺼냈다.

시어머니에 시할머니까지 모시게 되어 집안에는 손님이 끊일 날이 없었다. 어린 나이에 교실에서 바로 결혼으로 골인한 나는 밥도 제대로 못하는 솜씨로 거의 매일 손님을 치러야 하는 입장이 되었다. 믿을 곳이라고는 오직 요리 책 뿐이었다. 나는 요리 책을 우상처럼 신뢰했고 의지했다.

어느 겨울 나는 비지찌개에 도전했다. 요리 책에 쓰인 대로 새로운 비지찌개가 탄생한 것이다. 쇠고기와 방게를 넣은 고급 비지찌개였다. '쇠고기가 든 비지찌개는 흔히 볼 수 있지만 방게까지 넣은 비지찌개는 처음'이라고 요리 책은 흥분하고 있었다. 바로 이 '처음'이 나에게는 그렇게도 매혹적일 수가 없었다. 나는 손님으로 오신 시할머니의 친구들께서 나의 새로운 요리에 감탄할 것을 믿어 의심치 않았다. 손님 중 한 분이 나를 부르기 전까지는.

손님은 나에게 빈 그릇 하나를 청했다. 그 분은 꼼꼼하게 방게에서 비지를 털어내더니 그것을 나에게 넘겨주면서 말했다.

"방게에는 비지를 넣는 게 아니야. 음식이 지저분해져 버렸잖아? 게는 게로 먹어야지."

우리 삶에 주(主)와 부(副)의 구분만큼 어려운 것이 또 있을까. 문맹이었던 외할머니는 주와 부가 바뀌는 법이 없었다.

된장을 끓이면 된장이 주가 되고 비지찌개에는 당연히 비지가 주가 되었다. 수(數)를 몰랐으나 대소가의 경조사와 생일을 죄다 꿰고 있었다. 학교 문 앞에도 못 가 봤으나 나와 너, 어른과 아이, 앉을 자리와 설 자리를 구별했다. 어려움 없이 살면서도 십리 안의 가난은 당신의 몫으로 인식하고 기꺼이 챙기는 책임감을 보였다. 마을 사람 치고 해산 후 할머니의 미역과 참기름을 받아보지 않은 사람이 없었다.

'비지 사건'을 들은 할머니는 딱 한 마디 하셨다.

"그 양반 말이 맞다. 게는 게로 먹어야지. 비지는 비지로 먹어야 하고."

할머니는 어떻게 주와 부의 구분이 그리 확실했을까? 평생 동안 책 한 권 읽은 적이 없는 할머니는 어디서 그런 지혜를 습득한 것일까.

충주까지 와서 모처럼 비지다운 비지를 먹으면서 별명이 〈산부처〉였던 외할머니를 떠올린다. 또한 오늘 아침 신문에서 읽은 '묵은 김치 먹어치우는 법'을 기억해 내다보니 미소가 지어졌다. 거기 또한 어김없이 돼지고기 100g이 등장하고 있었다. 먹어 치워야 하는 묵은 김치와 돈 주고 일부러 사야하는 돼지고기 중 어느 것이 주 음식인지는 알 도리가 없으나.

- 한국수필 2010 -

모방시대

우연찮게 다리에 깁스를 하게 되어 친구들이 문병을 왔다. 말이 좋아 문병이지 핑계 김에 한번 뭉쳐 회포라도 풀자는 심사가 역력하다.

조금 일찍 도착한 주모자가 깁스한 나의 다리는 보는 둥 마는 둥하며 사 들고 온 맥주를 냉장고에 넣기도 하고 만두를 찌기도 하며 부산을 떤다.

야간 수업으로 늦어지는 친구도 있었다. 굳이 참석하지 않아도 서운할 이 없다는 데도 스스로 참석을 우기는 걸 보면 우리도 어느덧 친구 좋은 나이가 된 모양이었다.

일 가진 여자들은 시간을 칼같이 쓰는 습관이 은연 중 몸에 배어 있다. 식탁에서도 나의 다리는 3분 정도 겨우 언급되고, 모인 사람들의 공통분모인 대학입시로 화제가 넘어간다.

내신적용비율, 대학홍보의 어려움을 이야기하다가 한 친구가 오늘 쓴 경비 계산하자며 지갑을 꺼내는데, 모두의 시선이 가방으로 쏠린다. 에르메스(Hermes) 가방이다. 그레이스 켈리(Grace Kelly)가 공식석상에서 임신한 배를 가리느라 들었다고 해서 켈리 백이라는 이름이 붙은 그 가방은 천만 원을 호가한다고 한다. 우리나라에서는 가짜 학위로 시끄러웠던 S여교수가 들고 나와 화제가 되었던 바로 그 가방이다.

우리는 잠시 어리둥절했다. 하나같이 월급 타서 적금 드는 소시민으로서는 뉴스에나 나오는 그 가방이 낯설고 기이했던 것이다. 누군가가 얼마 주었느냐고 물었다. 가방 주인이 생긋 웃으며 가짜라고 실토를 한다. 시집간 딸이 생일 날 선물했다고 하면서.

화제는 자연스럽게 '명품과 공인의식(公人意識)'으로 넘어갔다. 어떤 사람이 공인(公人)인가 하는 문제가 먼저 거론되었다. 사전적 의미로는 사인(私人)의 반대 개념으로 공직에 있는 사람이나 국가와 사회를 위해 일하는 사람을 지칭한다지만, 그게 바로 이현령비현령(耳懸鈴鼻懸鈴)식 해석이 아니겠는가.

문득 한 친구가 질문을 던졌다. 우리 모두는 공인에 속하느냐고.

"당연하지. 학교 선생이 공인 아니면 누가 공인이겠어?"

"퇴직 후에도 공인일까?"

우리는 서로의 얼굴을 쳐다보았다. 그렇게 난해한 질문을? 이 자리에서?

바로 그 때 한 친구가 자신 있게 대답했다.

"물론이지. 우리는 어머니들이니까. 이 세상 모든 어머니들은 공인이지, 그럼!"

우리는 그 친구의 입을 바라보았다. 떠도는 얘기처럼 '서울대 넣은 자식은 국가에 바친 자식이고, 연 · 고대 넣은 자식은 처가에 바친 자식' 이라는 명제가 성립된다면 두 아들을 나란히 국가와 처가에 바치고 있는 어머니였다.

이야기는 몇 년 전에 있었던 검찰총장 부인의 호피코트로 이어졌다. 명품가게 주인으로부터 호피코트를 뇌물로 받은 부인이 '입지는 않았고, 걸쳤을 뿐' 이라고 발뺌하여 세상이 들썩들썩했던 사건이다. 결국 그 부인은 남편을 현직에서 끌어내렸고, 잘생기고 똑똑하다는 그 남편은 아직도 호피코트 남편이라는 누명을 쓰고 있는 모양이었다.

여러 의견이 오가는 사이 나는 정말 공인의식이 투철했던 한 사람을 떠올리고 있었다. 시댁 쪽으로 시누이뻘 되는 여인이었다. 부유한 집안의 명문대 출신인 그녀는 시골 출신의 가난한 법대 출신을 만나 결혼하게 되었다. 홀시어머니에, 형제까지 여럿

거느린 볼품없는 집안이었다.

마침내 남편이 고시에 합격하여 검사가 되었을 때 그녀는 스스로 시댁으로 들어가 시어머니를 모시고 살겠다고 청했다. 뿐만 아니라 혹시라도 남편에게 누가 될까봐 금반지 이상을 끼는 일이 없었다.

나 역시 비슷한 나이의 새댁으로서 그렇게까지 할 필요가 있느냐고 물었을 때 그녀의 대답은 명쾌했다. 남편이 공인이니 나 역시 공인이 아니겠느냐고. 대학시절 매니큐어 칠하고 모자 쓰고 다녔던 멋쟁이가 공직자 아내로서의 처신을 확실히 새기고 있는 것이었다.

저녁을 먹고 나자 한 친구가 TV를 틀었다. 9시 뉴스시간이다. 연예가의 성형수술이 보도되는 중이었다. 얼마 전까지만 해도 기획사에서 연예인들에게 성형을 권유했었으나 지금은 연예인 스스로 병원을 찾는다는 내용이었다. 덕분에 똑같은 얼굴이 냄비 찍듯이 양산되어 수많은 황신혜와 장동건이 만들어지고 있다고도 하였다.

다음으로는 명품이 거론되었다. 한국 여성들이 명품을 얼마나 선호하는지 한국은 지금 가짜 명품의 천국이라고 보도하고 있었다. 카메라를 따라 허름한 공장을 가보니 상표만 붙인 가짜 명품들이 포대에서 쏟아지고 있었다. 그런가 하면 취업 준비 중인 젊은 아가씨의 인터뷰도 충격이었다. 면접을 위해 가짜 명품이라도 두어 개 준비하는 것은 상식이라는 것이었다.

가짜와 진짜가 어떻게 다른지 판별 능력은 우리에게 없지만 친구의 가방은 정말 예뻤다. TV 보는 동안 너도 나도 가방을 들었다 매었다 해 보느라 뉴스가 산만하게 헝클어지고 있었다. 화제 또한 뒤죽박죽이 되어 여러 사람이 동시에 말하다가도 아무도 말하고 있지 않기도 했다.

한번은 누군가가 무슨 이야기인가를 심각하게 하고 있는 중에 다른 한 친구가 잠깐만! 하고 나서서 잊어버리기 전에 자기가 먼저 한 마디만 하면 안 되겠느냐고 신청했다가 안 돼! 하며 그 친구 역시 지금 중단하면 무슨 이야기 하다 말았는지 잊어버리게 된다고 하여 옥신각신하기도 했다.

뜬금없이 나에게 깁스는 왜 하게 되었느냐고 묻는 이도 있었다. 때 아닌 가짜 명품가방으로 인하여 각자의 마음속에 마(痲)의 계곡이 형성되고 있음이 틀림없었다.

절뚝거리며 일어난 내가 커피를 대령했다. 밤이 깊었고, 헤어질 시간이 된 것이다. 가방 주인이 가방을 자기 앞으로 갖다 놓았다. 다시 보니 가짜처럼 보이기도 하는 가방이었다. 그러나 무언가 찜찜한 기분은 떨쳐지지가 않았다. S여교수처럼 가짜 교수의 진짜 명품이 문제인지, 친구처럼 진짜 교수의 가짜 명품이 더 문제인지 나로서도 헷갈리는 순간이었다.

– 수필시대 2008 –

초상화

그림에 소질이 없는 편이다. 초등학교 다닐 때 미술시간에 병아리를 그리게 되었다. 나의 그림을 본 선생님이 어이가 없는지 반 아이들에게 보여주면서 무엇이 잘못 되었는지 알아 맞추어 보라고 했다. 못 맞추는 아이는 한 명도 없었다. 다리를 네 개나 그렸던 것이다. 반 전체가 웃음바다가 되었다.

다른 경우도 있었다. 이번에는 나무를 그렸는데, 내 그림을 본 짝꿍이 손을 번쩍 들었다.

"선생님. 얘는 뿌리까지 그리고 있어요."

그러나 선생님은 거미줄 같이 땅 위에 올라와 있는 나무뿌리를 보고 웃지도 않고,

"괜찮아요. 보이는 것 뿐 아니라 마음속에 있는 것도 그릴 수 있어요."

내가 그림을 추상적이 아닌, 구체적 현상으로 받아들이게 된

것은 초상화를 그려 받게 되면서부터이다. 프랑스의 몽마르뜨르 언덕에서다. 처음에는 동행이 권했던 거지만 나 역시 귀가 솔깃해진 것은 전적으로 화가가 나를 모르는 사람이라는 사실에서 출발한다.

나는 여자이고 그는 남자이다. 나는 동양인이고 그는 서양인이다. 게다가 그는 한국과는 문화와 풍습이 확연히 다른 스페인의 화가이다. 그는 나의 과거를 모를 뿐 아니라 미래에 대한 짐작조차 불가능한 사람이다. 우리는 방금 만난 것이다. 나는 나에 대한 선입견이 전혀 없는 사람에게서 그의 눈에 비친 나의 모습을 정직하게 그려 받고 싶었다. 그는 나의 나이조차 모르는 사람이 아닌가.

간단한 준비를 마친 화가가 캔버스를 마주하고 앉았다. 나의 얼굴을 각도에 맞추더니 바라봐야할 지점을 손으로 가리킨다. 눈을 똑바로 뜨라는 지시도 한다. 동양인의 작은 눈을 의식한 배려이리라. 나는 웃고, 고분고분 협조를 약속한다. 어색하고 민망하다. 짧은 시간이나마 그의 포로가 된 기분이다.

손을 따라간 지점에 비둘기가 몇 마리 돌아다니고 있다. 어디선가 먹이를 약속받은 모양으로 연신 구구거리며 사람들 곁을 맴돈다. 평화로운 모습이나 뚱뚱하고 못 생겼다. 수의 확산을 막기 위해 사료에 피임약을 넣었기 때문이다.

한 때는 관광객을 위한 관상용으로 빠른 시일 내에 많은 비둘기가 필요했으나 이제는 아니다. 기하급수적으로 늘어나는 비둘기 때문에 특단의 조치를 취하지 않을 수 없는 시점에 이른 것이다. 지금도 부모를 따라온 어린 아이 하나가 재미삼아 던져주는 먹이 안에는 어김없이 '조치'가 들어있을 것이다. 피임약이 무언지도 모르는 아이이고, 비둘기다.

비둘기가 날아간 자리에 중년 남자 하나가 의자를 놓고 앉는다. 그의 옆모습을 보며 나는 상념에 잠긴다. 우리는 왜 갑자기 자신의 모습이 궁금해진 것일까. 흔히 말하기를 나이가 오십이 넘으면 얼굴보다 더 확실한 자기 증명은 없다고 한다. 아무리 좋은 옷을 입고 보석으로 치장해도 무심한 순간에 드러나는 자기의 참모습은 피할 수 없다는 얘기이다. 눈과 코, 입술의 외형적인 아름다움에서 벗어나 얼굴 전체에 내면세계가 배어나온다는 뜻으로 들린다.

나는 과연 어떻게 살아왔는가. 무엇을 추구하며, 무엇을 사랑하며 살아왔는가. 나의 온전한 모습은 어떤 것인가.

뜬금없이 한 사람의 얼굴이 떠오른다. 얼마 전 TV에서 '조영

남 쇼'에 나온 김원숙이라는 재미 화가이다. 열아홉 살부터 30년 넘게 이국 생활에 젖은 사람으로 한국적인 한 같은 것이 배어 있는 여자였다. 자기가 그린 자화상을 몇 점 소개하고 있었다. 젊은 날부터 중년에 이르기까지 자신의 생각과 삶이 그대로 드러나는 그림이었다.

그 중 하나가 나의 마음을 사로잡았다. 온 몸이 갈대에 칭칭 감겨 있는 여인이었다. 그 모습을 보는 순간 번개와도 같이 나의 머리를 치는 것이 있었다. 그래 맞아, 저것이 바로 나의 모습이다. 밧줄이거나 쇠사슬이 아닌 것에서 작가의 재기가 번뜩이는구나. 갈대란 무엇인가. 강함이 아닌 연약함이요, 사실(寫實)이 아닌 낭만이며, 타의가 아닌 자의가 아니던가. 한이기도 하고, 욕망이기도 하며, 미련이기도 할 것이다.

나 역시 어쩌면 젊은 날을 온통 갈대에 묶여 살아왔는 지도 모른다. 자신을 바깥에서 볼 줄 모르는 우둔함에다 인생의 더 깊은 계단을 깨닫지 못하는 미련함 때문이리라. 마음만 먹으면 우두둑 끊고 자유로워질 수 있는 것을. 어느 날 갑자기 깃털처럼 가벼워질 수도 있는 것을. 바람이고자 했고 깃털이고 싶었으나 그 또한 나에게는 부담이었고, 용기가 필요했으리라.

"쎄 피니(다 됐습니다)."

그림을 받아 든 나는 실소를 금치 못했다. 보수적이고 완고하며 소심하기 짝이 없는 한 동양 여인이 깊은 상념에 잠겨 있다. 그 표정이 너무 무거워 어쩌면 화가는 진심으로 나의 '고민'이 무엇인지 궁금했을 수도 있겠다. 모델이 되는 동안에도 잠시도 쉬지 않고 지구온난화, 중동문제, 혹은 인종문제를 깊이 고심하는 줄 알고 심심(深深)한 위로의 말을 건네고 싶었을 수도 있겠다.

나의 고민이 기껏 비둘기의 피임약과 갈대였음을 어떻게 설명할까. 그림 그리는 동안 내내 너무 춥고 화장실도 가고 싶어서 괜한 일을 마련했다고 후회하고 있었을 뿐이었음을 어떻게 고백할까. 은밀한 장난 끼가 마음속에서 산들바람처럼 일어난다. 오해란 때로는 즐거운 것이다.

표구한 그림을 아들이 구태여 내 방 침실에 걸고 있다. '아크릴로 하려고 했는데 그림이 좋아서 액자로 했다'고 생색을 낸다. 완고하게 그려져서 불만이라는 나의 말은 듣는 둥 마는 둥 하며,

"화가가 제법 그렸더라구요. 엄마의 DNA를 잘 짚은 거죠."

나는 포기하고, 모르는 사람이 그린 나의 얼굴을 받아들이기로 한다. 어쩌면 나는 천재를 만난 건 지도 모르겠다. 그 짧은 시

간에 나의 갈대를 눈치 채지 않았는가. 완고함 속에 숨겨진 여리면서도 질긴 갈대가 나를 옥죄고 있음을 간파한 것이다. 갈대에 칭칭 감겨있는 또 하나의 여인이여!

— 문학예술 2009 —

살리에리를 위하여

자동차 문을 여는데 모기가 한 마리 엥-, 하며 인사를 한다. 12월에 모기라니. 밤새 차 안에서 지낸 모양이다. 주거침입죄로 고소하기는 뭣하지만 괘씸한 생각이 없는 것은 아니다. 무엇보다 저 혼자인지, 친구 혹은 가족이 함께 있는지 의심스럽다. 남아있는 동거인이 깔개나 쿠션을 베개 삼아 낮잠을 즐기고 있을 지도 모르는 일이다. 밤새 남의 차 안에서 무슨 짓을 했는 지도 수상쩍다. 무단침입한 놈이 아무려면 휴식만 취하고 있었을까.

아니다, 어쩌면 혼자일 수도 있겠다. 혼자이면서 휴식만 취했을 수도 있겠다. 친구들과 가족을 다 떠나보내고 저 혼자 차 안으로 숨어들었을 수도 있을 것이다. 지능이 낮은 놈일 것이다. 여름 지나 가을 동안 가족과 친구들이 길 떠날 때 미처 합류하지 못하고 뒤처진 놈일 지도 모른다. 자동차 같이 위험한 공간은 영악한 놈이 선택할 장소가 아니다. 자세히 보니 며칠 굶은 모양으로 바짝 마른 것이 비실거리기까지 한다. 차 문을 열어 주어도 나갈 생각을 하지 않는다. 아군, 적군의 구분이 안 되는 모양이다.

문득 초등 시절의 나의 모습이 떠오른다. 당시에는 '글 읽기 릴레이'가 유행이었다. 한 아이가 일어나서 책을 읽다가 틀리는 글자가 나오면 다른 아이가 잽싸게 받아서 읽는 것이었다. 미처 한 줄도 못 읽는 아이가 있는가 하면 한, 두 페이지를 글자 하나 틀리는 법 없이 거뜬하게 읽어내는 아이도 있었다. 공부 같기도 하고 놀이 같기도 한 그것은 몇 아이로 건너감에 따라 묘한 긴장감과 경쟁심을 유발하여 반 분위기를 순식간에 뜨겁게 달구어놓곤 했었다.

그 중 한 아이, 참으로 잘 읽는 아이가 있었다. 그는 우선 '받는' 솜씨가 남달랐다. 릴레이선수가 남보다 0.0001초 먼저 출발하듯이, 괭이가 병아리를 순식간에 낚아채듯이, 틀렸다 싶으면 눈 깜짝할 사이에 받아내는 것이었다. 읽기 시작하면 틀리는 법 또한 없었다. 한 페이지든 두 페이지든 낭랑한 목소리로 자신 있게 읽어내는 솜씨라니.

또 한 아이, 나는 참 그 놀이가 서툴렀다. 한 줄이든 한 페이지든 우선 '잽싸게 받는' 일부터 어려웠다. 기질적으로 순발력이 남 보다 못했던 모양으로 틀리는 글자가 나와 기회를 포착했더라도 남보다 0.0001초 늦게 일어나는 바람에 순서를 놓치고 마는 것이었다.

한번은 나의 실수였는지 그 아이의 실수였는지 모르지만 둘이서 동시에 일어나는 사고가 발생했다. 그 아이는 날카롭게 나를 흘겨보았고, 주눅 든 나는 슬그머니 자리에 앉고 말았다. 주제넘게 남의 영역으로 발을 들이민 것 같아 한 없이 눈치가 보이면서.

세상이 공평하다는 것은 어디까지나 신의 입장에서 하는 말일 지도 모른다. 돈에서건 재능에서건 80부터 시작하는 사람이 있는가 하면 30부터 시작하여 각고의 노력 끝에 가까스로 70에 이를까 말까한 사람도 있다. 대표적인 예가 모차르트와 살리에리이다.

살리에리는 18세기 중엽 이탈리아의 궁정 작곡가이다. 능력과 성실로 궁정악장까지 지내는 영광을 누리지만 천재 소년 모차르트가 나타나고부터 강렬한 흠모와 질투에 시달린다. 음악인으로서는 당대 최고의 지위까지 올랐으나 평생을 바쳐 이룩한 그 모든 것을 어린 모차르트가 한달음에 넘어버린 것이다. 방탕

하고 경박한 모차르트였지만 사람들은 그의 천재성에 열광하고, 그를 질투하는 장년의 살리에리에게는 동정과 경멸을 보내게 된다. 모차르트의 마지막 작품인 레퀴엠(진혼곡) 작곡에 깊이 연루되어 죽음에까지 이르게 했다는 혐의를 받고 있는 살리에리는 신을 향해 절규한다.

"신이시여! 나에게는 어찌하여 재능을 주시지 않으시나이까?"

살리에리가 아니더라도 누구나 넘고 싶은 장대 하나쯤은 가슴에 품고 산다. 올림픽 경기장에서 장대높이뛰기를 하는 바로 그 모습이다. 정치인에게는 국민의 사랑이 장대일 것이고 야구 선수에게는 기분 좋은 홈런이 장대가 될 것이다. 나에게는 글 쓰는 일이 넘고 싶은 장대인데, 30부터 시작한 출발점이 언제쯤이면 70에라도 닿을 지 생각할수록 아득하다. 이루어질 수 없는 사랑에 빠져 도망갈 수도 없고 버릴 수도 없는 형국이다. 깊은 밤 잠 못 들고 살리에리의 비애에 젖어 한숨 쉬지만, 넘을 수 있는 장대도 아니고 포기할 수 있는 장대는 더욱 아니다.

발코니에 장미가 너덧 송이 피어 있다. 12월의 장미이다. 초봄에 꽃집에서 모종해 온 것인데, 봄부터 늦여름까지 제철에는

무엇 하다가 이제야 피기 시작하는지 신기하고도 한심하다. 제법 참하게, 꽃잎도 튼실하다.

온실 아닌 바깥에서 겨울에 피는 꽃이야 너무 빤해서 차라리 아이비나 스킨다브스 같은 잎 식물을 즐기게 마련인데, 게으르고 못난 나의 장미는 이제야 슬그머니 세상을 향해 손을 내밀고 있는 것이다. 들여다보고, 만져도 보다가 마시다 남은 맥주에 물을 타서 주어 본다.

늦게 핀 장미지만 혹여 꽃이 더 충실해질까 하여.

– 수필시대 2008 –

에펠탑을 보며

J선배님.

파리에 온 지 어느덧 한 달이 가까워지고 있습니다. 이곳 날씨는 한겨울에도 영하 1, 2도를 기록하지만 한국만큼 햇볕이 충분치 않아 제법 쌀쌀합니다. 영하 10도를 기록하는 한국보다 오히려 여인들의 옷차림이 두터운 실정입니다. 연 이틀 비도 조금 내렸습니다.

오늘은 연말이라 에펠탑의 조명 쇼를 구경하려 합니다. 관광객에게는 에펠탑이 알렉산더 다리나 미라보 다리 쪽에서 바라보는 것이 가장 아름답다고 소개되어 있지만 저는 샤이요궁 내의 카페에 자리 잡았습니다. 에펠탑도 잘 보일 뿐만 아니라 사진도 찍기 좋고, 커피도 마실 수 있으니까요.

지금이 밤 11시 반. 자정이 되면 조명 쇼가 시작될 것입니다. 군중 속에 끼어 가까스로 에스프레소를 한 잔 시켜놓고 에펠탑을 바라봅니다. 세느강을 끼고 탑은 푸른빛이 도는 조명으로 디즈니랜드에서나 볼 수 있는 환상적인 분위기를 연출합니다. 파리 시민이 자랑하는 탑의 야경입니다. 보통은 황금빛 조명의 옷을 입고 있다가 때에 따라 초록빛으로 갈아입기도 하고, 프랑스 깃발의 색깔같이 삼색으로 치장할 때도 있습니다. 중국과의 수교를 축하하기 위해서는 과감히 붉은 빛으로 갈아입기도 했다지요. 지금의 푸른빛은 사르코지 대통령이 유럽연합의 의장이 된 것을 기념한 것이라는군요.

선배님.

에펠탑이 19세기 최초의 철조건물인 것, 혹시 아시는지요? 높이 300m의 노출격자형 철 구조물인 에펠탑은 비전문가가 낮에 보면 특별하지도, 아름답지도 않을 수 있습니다. 실제로 모파상이나 에밀 졸라, 뒤마 같은 예술인들은 고도인 파리에 쇳덩이 조각으로 세계에서 가장 삭막한 철조구조물을 세웠다고 탄원서까지 제출했다고 하지요.

모파상에 얽힌 이야기는 지금까지도 유명합니다. 에펠탑으로 하여 심기가 불편한 나머지 탑이 안 보이는 뒷골목으로만 다니고, 자화상까지 에펠탑과 반대 방향으로 돌려놓았다고 하는 그가 완공 후 매일 에펠탑의 2층에 있는 식당에서 식사를 하여 이상하게 생각한 기자가 이유를 묻자, '파리에서 에펠탑이 안 보이는 곳은 유일하게 이곳 뿐' 이라고 답했다는군요.

게다가 300m가 넘는 탑이라 당시에는 고가사다리도 없고 장비도 부족하여 곡예사들이 대거 동원되었는데, 이들이 철탑 사이를 곡예하듯 작업하는 동안 추운 겨울에는 얼어버린 철탑에 손이 붙어 살점이 떨어져 나가기도 했다고 합니다.

반대로 화가인 들로네처럼 에펠탑 연작을 발표하면서까지 에펠탑을 찬성한 사람도 있었다고 하는데, 실제로 풍력 등의 하중을 받는 금속아치와 금속 트러스의 성질에 관한 앞선 지식을 활용해 건설된 에펠탑은 당시 토목공학과 건축설계 분야의 일대 혁명을 예고했다는군요.

저 역시 그저께는 에펠탑 3층에서 건축 당시 에펠의 사무실을 재현해 놓은 것을 구경했는데, 에펠과 에디슨의 담소 장면이 밀랍으로 만들어져 있었습니다. 머리카락 한 올, 피부의 주름살까지 완벽하게 재현해 놓은 솜씨를 보고 입이 딱 벌어졌었습니다. 에디슨은 에펠을 찾아와 '당신이야말로 천재' 라고 추켜세웠다지요.

선배님.

에펠탑(La Tour Eiffel)이 여성명사인데 대해서는 어떻게 생각하시나요? 저는 마음이 편치 않았습니다. 에펠도 남자였고 곡예사들도 남자였으며, 하다못해 탄원서를 내며 반대한 사람, 혹은 찬성한 사람들도 모두 남자였는데 에펠탑은 여성명사더군요. 탑(La Tour)이 여성명사라서 그렇겠지요? 산(La montagne)이나 자동차(La voiture) 같이 타는 것은 모두 여성명사인 것처럼요? 그렇다면 에펠탑은 그 자체로 고유명사는 아닌 셈인가요? 에펠이라는 사람이 만든 보통명사 탑일 뿐인가요?

지구 어디에서나 하늘을 찌르는 높은 건물을 짓고자 하는 욕망은 인간의 본능인가 봅니다. 구약성서에는 인간이 벽돌을 구워 하늘 꼭대기까지 바벨탑을 쌓는 이야기가 나오는가하면 에펠탑 이후에도 경쟁적으로 높은 건물이 세워져서 현재 아랍 에미리트 두바이에는 800m가 넘는 첨탑이 세워지고 있다는군요.

앞의 구약성서에는 흥미로운 이야기가 나옵니다. 자신의 영광을 드러내기 위해 탑을 쌓는 인간의 교만함에 분노한 신이 인간에게 서로의 말을 알아듣지 못하게 해 공사를 중단시켰다는 겁니다. 그렇다면 버즈 두바이의 800m가 넘는 첨탑은 어떻게 되는 건가요? 신이 양해하는 탑의 높이는 얼마나 되는 건가요?

에펠탑 역시 1887년 프랑스 혁명 100주년 기념으로 파리 만국 박람회에 기념조형물로 세워졌을 때는 수명이 20년으로 한 정되어 1910년부터는 해체 위기에 놓이기도 했다고 합니다. 시민들의 반대 운동과 함께 무선 안테나로 전파를 쏘고 각종 첨단 장비로 무장하면서 현재 아름다운 파리의 상징물로 남아있는 셈이지요. 지금은 해마다 2천만 명이 넘는 관광객이 에펠탑을 찾고 있어 에펠탑 없는 파리는 상상하기 힘든 실정입니다.

선배님.

이제 자정이 다가오고 있습니다. 눈에 익은 한국 연예인 그룹이 세느강과 에펠탑을 배경으로 사진을 찍고 있군요. 반갑지만 모른 척 하는 것이 좋을 것 같습니다. 여기까지 와서 이미지 관리하려면 얼마나 힘들겠습니까. 자연인으로 돌아가 아름다운 그녀(La Tour Eiffel)와 사진을 찍고 싶겠지요.

그러나 문득 궁금해지는 것은 있군요. 동화처럼 환상적인 저 아름다운 탑을 보며 저들은 어떤 생각을 하고 있을까. 가슴 속에 어떤 탑을 품고 있을까.

시간이 자정을 맞으려 합니다. 곧 저 거대한 탑의 모든 조명등이 동시에 켜져 묵은 해를 밀어내고 새해를 밝힐 것입니다. 반짝이는 동안 새해 소망을 빌겠습니다.

돌아갈 때까지 안녕히.

– 문예운동 2009 –

웃은 죄

'잘 웃는 편' 이라고 하면 나무랄 일은 아니겠으나 모든 악은 적절치 못함에서 비롯된다. 웃는 것도 때와 장소를 가려야함에 아무리 우스워도 참아야할 경우가 있는 것이다. 웃음에 대한 인내다. 웃음에 대한 예의다.

새댁 시절, 남편은 나의 잦은 웃음을 죄목으로 삼곤 했다. 배시시 품위있게 미소 띄는 새색씨를 꿈꾸던 남자에게 까르르 소리 내어 웃는 천방지축이라니!

시할머니의 입가에 붙은 밥풀을 보고도 호호 웃고, 짝짝이 양말을 신고 간 남편을 보고도 키득키득 웃었다. 국솥에 빠질락 말락하는 파리를 보고도 자지러지게 웃고, 뒤집어진 채 급히 벗은 신발을 보고도 하이고! 웃었다.

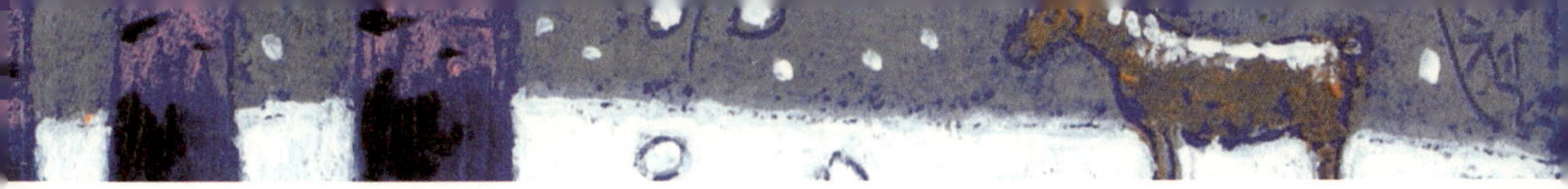

한번은 비싼 표고버섯을 소쿠리에 담아 옥상에 두어 말리다가 비 오고 바람 부는 통에 몽땅 날려버리고 만 적이 있었다. 크게 노한 시어머니가 나 대신 일하는 아이를 나무라는데, 빈 소쿠리를 쳐다보던 내가 그만 웃음을 터뜨리고 말았다. 버섯이라고는 한 조각도 남지 않은 멍청한 소쿠리라니! 남편이 거칠게 방안으로 나를 밀쳐 넣었음은 물론이다.

중죄인이 되어 혼나고 있는 나를 보더니 시어머니가 기가 찬 듯,

"마룻바닥에 배를 대고 있어보면 참아지려나."

이번에는 남편이 폭소를 터뜨리며,

"어떻게요? 이렇게요?"

마룻바닥에 배를 대니 시어머니 기겁하며,

"아서라! 설사할라. 네가 무슨 죄가 있어서 …."

나는 또 나의 입장을 헤아리지 못하고, 웃은 죄요, 웃은 죄.

책을 내며

가슴이 몹시 설렙니다.
누군가 저에게 "수필을 왜 쓰는가"라고 물으면
"행복하니까" 라고 대답합니다.
저는 글을 쓸 때가 가장 행복합니다.
깊은 밤 정적에 싸여 컴퓨터 앞에 앉으면
세상 모든 비밀들이 제게 손을 내밉니다.
꽃, 별, 이슬 같은 것들입니다.
아름다움, 진실, 슬픔 같은 것들입니다.

수필 한 편을 쓰고 나면 세상이 달라 보입니다.
찾아오는 누구라도 덥석 안고 싶어지고,
방 안으로 날아든 하루살이 나방에게도
입맞춤하고 싶어집니다.

우둔한 탓에 그동안 세상의 고마움을 몰랐습니다.
수필을 만나 스승님의 크심을 보았습니다.
작은 돌멩이 하나에도 의미를 살필 수 있게 됨은
오직 스승님의 덕분 아닐는지요.
조잡한 글을 언제나 반겨 주시고,
곡진한 가르침으로 손잡아 주신
素木 김규련 선생님께 깊이 감사드립니다.

이제는 당신의 차례입니다.
수필을 쓰기 전 저는 저의 간절함을 몰랐습니다.
당신을 향해 끝없이 발돋움하고 소통하려는 절실함을
외면했습니다.
이제 저는 당신을 향해 세레나데를 띄우렵니다.
행복한 이 노래를 바치렵니다.

2011년 3월

小珍 박기옥

아무도 모른다

2011년 3월 1일 초판 1쇄 인쇄
2011년 3월 7일 초판 1쇄 펴냄

지은이 | 박기옥
펴낸이 | 이철순
디자인 | 손희경

펴낸곳 | 해조음
등 록 | 2003년 5월 20일 제 4-155호
주 소 | 대구광역시 남구 대명2동 1800-6 불교대구회관 2층
전 화 | 053-624-5586
팩 스 | 053-624-5587
e-mail | bubryun@hanmail.net

ISBN 978-89-92745-23-9 03810